KB271309

삶을 바꾸는 기적의
독讀한 습관

"미성년의 삶을 사는 것은 무척 편리하다. 내 마음을 키워줄 책이 있고, 내 양심을 돌봐주는 사제가 있으며 나의 식습관을 챙겨주는 의사 등이 있다. 그러니 나 자신이 있을 필요조차 없는 것이다. 생각할 필요도 없고, 기도만 하고 있으면 누군가가 나의 귀찮은 부분을 해결해 줄 것이다."

〈임마누엘 칸트, 〔질문에 대한 답 : 계몽이란 무엇인가?〕 1784년 중에서, 〔노력 중독〕 에른스트 푀펠, 베아트리체 바그너 저, 율리시즈, 57페이지 참조〉

삶을 바꾸는 기적의
독讀한 습관

삶을 바꾸는 책읽기, 명사들에게 배우는 책읽기!
김병완 책읽기 혁명의 모든 것

김병완 지음

북씽크

독서가 한 사람의 인생을 바꾼다

독서는 한 사람의 인생을 바꾼다. 독서를 통해 우리는 전혀 다른 인생을 살아 낼 수도 있다. 하지만 무조건 독서라고 해서 다 좋은 것은 아니다.

독서를 어떻게 하느냐에 따라서 독서의 결과가 큰 격차가 발생할 수 있기 때문이다. 삶을 바꾸는 책읽기가 있는 반면, 삶을 망치는 책읽기도 있다. 우리를 현명하게 만드는 책읽기가 있는 반면 우리를 더욱 더 멍청하게 만드는 책읽기도 있다. 독서를 잘 하면 인생을 두세 배 더 살 수 있게 해 주지만, 반대로 독서를 잘못 하면 인생을 낭비할 수 있게 되기도 한다.

독서가 우리를 멍청하게 만들 수도 있다. 이런 생각을 한 번도 해 본 적이 없는가?

독서를 잘못하게 되면, 독서는 최악의 시간 낭비가 될 수 있다. 하지만 통찰력을 기르는 독서를 하게 되면, 인생이 말 그대로 달라질 수 있다. 그래서 독서의 위대함은 무궁무진한 것이다.

나는 이런 충격적인 사실을 남자 나이 40이 되고 나서, 밥만 먹고 도서관에서 책만 읽었던, 그 6개월 동안 뼈저리게 느꼈다.

사람은 아무리 많은 책을 읽어도 그것이 하나도 효과가 없을 수도 있다는 사실을 아는 사람은 많지 않다. 하지만 나는 이 사실을 100% 받아들인다. 한 치의 의심도 없이 말이다.

독서를 하면 할수록 더 멍청해지고, 오직 읽기만 하는 바보가 된다면 독서를 하지 않는 것이 오히려 더 낫다. 최소한 시간 낭비를 예방할 수는 있으니까 말이다.

문자와 책의 발명이야말로 인류의 가장 큰 업적이며, 인류 최대의 발명품이라는 사실을 누가 감히 의심할 수 있으랴? 책은 인류 문명의 소산이다.

책을 통해 인류는 시간과 공간을 뛰어넘어 지식과 지혜를 전달할 수 있게 되었다.

책은 위대하다. 하지만 인류는 갈수록 지혜로워 지는 것이 아니라 인류가 만든 물건들만 더 지혜로워지고 스마트 해지고 있고, 그 중심에 선 인간은 갈수록 멍청해지고 있는 것 같다.

많은 사람들이 TV와 스마트폰, 게임, 컴퓨터, 인터넷, SNS 등이 인류를 멍청하게 만들고 있다고 우려 섞인 목소리를 이구동성으로 내뱉는다. 하지만 아무도 책이 인류를 멍청하게 만들 수 있다는 사실에 대해서는 깨닫지 못 하고 있다.

그 이유 중의 하나는 독서가 우리들이 세상을 보는 프레임, 즉 관점을 지나치게 제한할 수 있기 때문이다. 그래서 수준 높은 독서가들이 되지 않으면, 독서는 오히려 몸과 마음에 해롭다.

그래서 필자는 '오직 읽기만 하는 바보'라는 책도 출간하면서, 수많은 독서법 책들을 출간했다.

독서는 거울과 같다. 독서는 반응이다. 자신의 독서력이 초등학교 수준 밖에 되지 못 한다면 아무리 수준 높은 성인들의 책들을 읽는다고 해도 절대로 배우는 것이 거의 제로에 가깝게 된다는 것을 알아야 한다.

심지어 읽으면 읽을수록 자신의 편협한 사고의 틀은 더욱 더 강화되어, 안하무인격인 고집불통인 사람이 되어 버릴 수 있다.

독서가 우리들을 멍청하게 만들 수도 있다는 말은 다른 한 편으로는 희망의 말이다. 그만큼 독서는 힘이 세고, 강력하다. 누군가를 완전하게 바꾸어 놓을 만큼 강하다는 것이다.

독서를 제대로 하는 법을 배우고, 올바른 독서 습관을 익힌다면 독서를 통해 필자처럼 멍청했던 사람들도 한 분야에서 비범한 성과를 창출해 낼 수 있는 사람으로 바뀔 수 있다.

이 책은 제대로 된 독서를 하고자 하는 모든 독자들을 위한 책이다. 20대가 아니어도, 그 이상이라도 읽어도 좋은 책이다.

인생에 도움이 되는 독서란 무엇인가?

삶을 바꾸는 책읽기란 어떤 것인지?

도대체 어떻게 책을 읽어야 시간 낭비가 아닌, 인생을 바꾸는 위대한 책읽기가 되는 것인지?

통찰력을 기르기 위해서는 어떤 독서법으로, 어떻게 책을 읽어야 하는 것인지?

책을 읽으면서 우리는 어떻게 무슨 생각을 하면서 읽어야 하는지?

인생을 바꾸는 독서 습관이란 어떤 것인지?

독서 명사들은 어떤 독서 습관을 가지고 있는지?

어떻게 책을 읽어야 자신이 성장하는 것인지?

대한민국 최고 기업인 삼성의 CEO들은 어떤 종류의 책들을 읽었는지?

그 책들이 우리들에게 던져주는 메시지는 무엇인지?

이러한 질문들이 이 책의 주된 내용이다.

독서는 사람을 바꾸고, 성장시켜 준다. 그리고 사람이 바뀌면 자연스럽게 그 사람의 인생이 달라진다. 결국 독서는 삶을 바꾸는 도구이며, 사람을 성장시켜 주는 인류 최대의 발명품인 것이다.

명심하자.

책을 제대로 많이 읽을수록 우리는 더 지혜로워 진다.

책을 제대로 많이 읽을수록 우리는 더 세상을 통찰할 수 있게 된다.

책을 제대로 많이 읽을수록 우리는 더 사고가 유연해진다.

책을 제대로 많이 읽을수록 우리는 더 창조적이 되고, 창의력이 향상된다.

책을 제대로 많이 읽을수록 우리는 더 큰 인생을 만들어 나갈 수 있게 된다.

책을 제대로 많이 읽을수록 우리는 우리의 인생에 기적을 더 많이 만들 수 있다.

책을 제대로 많이 읽을수록 우리는 점점 더 운이 좋은 사람이 될 수 있다.

책을 제대로 많이 읽을수록 우리는 점점 더 새로운 삶을 만들어 나갈 수 있게 된다.

눈부신 미래는 결코 저절로 오지 않는다. 준비하고 만들고 개척해 나가는 사람들에게만 오는 것이다. 독서도 하지 않으면서 눈부신 미래가 올 것이라고 생각만 하는 사람들은 헛된 망상에 사로잡힌 자들에 불과하다. 눈부신 미래는 스스로 하나씩 만들어 나가야 하는 것이다.

우리가 독서에 혼신을 다해야 하는 이유가 바로 여기에 있다. 이 책은 좋은 길라잡이가 되어 줄 것이다. 변화가 없는 가짜 독서에서 벗어나 삶이 바뀌는 진짜 독서에 도전해 보라.

김병완

1장

독讀한 습관 1

삶을 바꾸는 책읽기

"책을 읽으며 쓸 곳을 구하는 것은 모두 사심에서 비롯된 것이다. 하루를 끝마칠 때까지 책을 읽어도 학문에 진보가 없는 것은 사의(私意)가 학문을 해치기 때문이다."

_연암 박지원

"산업주의자들은 자만을 일곱 가지 죄악 중 하나로 꼽으면서, 그보다 더 위험한 한 가지는 교묘하게 제거해 버렸다. 바로, 너무 적은 것에 만족하는 겸손이다. 너무 높게 나는 것보다 너무 낮게 나는 것이 훨씬 더 위험할 수 있다. 왜냐하면 '안전하다'는 착각을 주기 때문이다. 우리는 낮은 기대와 소박한 꿈에 만족하고, 자신의 능력을 과소평가하면서 안전하다는 느낌 속에 살아간다. 그러나 너무 낮게 날 때 우리는 우리 자신만이 아니라 우리에게 의존하고 도움을 받는 사람들까지 기만하게 된다. 잔뜩 겁을 집어먹은 채, 위험을 피하는 데만 급급해진다." -〈세스 고딘, [이카루스 이야기], 27~28쪽〉

세계에서 가장 영향력 있는 경영 구루이며, 마케팅 천재라는 평

가를 받고 있는 세스 고딘은 자신의 최근작인 〔이카루스 이야기〕
란 책을 통해, 제발 너무 낮게 날지 말라고 우리에게 충고한다.

　너무 낮은 기대와 소박한 꿈에 만족하지 말고, 오히려 어제보다
훨씬 더 높게 날기 위해 도전하고 기존 질서에 도전하는 용기와 통
찰력으로 배짱 있게 살라고 말한다.

　하지만 문제는 이것이다. 누구나 이렇게 지금 당장 살 수는 없다
는 것이다. 왜일까?

　세스 고딘이 말하는 아티스트처럼 일하며 살아간다는 것은 어제
의 자신을 버려야 하고, 오늘 새롭게 태어나야 한다는 것을 의미하
는 것이기 때문이다. 이것은 결코 누구나 할 수 있는 일이 아니다.
아무나 할 수 없는 일이다. 그럼에도 책을 읽는 독자들이라면 최소
한 가능성은 있다고 말할 수 있다.

　즉, 책을 통해 자신을 뛰어넘는, 날마다 새롭게 태어나는 독자
들은 충분히 가능하다. 하지만 읽을수록 자신이 더 편해지고, 더
위안을 받고, 더 작은 것에 만족하게 하는 책들은 한 번쯤 의심해
보아야 한다.

　무엇이 문제일까?

　우리 인생의 가장 큰 목표는 안주와 안전이 아니다. 오히려 이런
것들과 거리가 멀다. 인생의 가장 큰 가치와 의미는 자신의 발전이
기 때문이다.

자신을 최고의 존재로 만드는 것은 우리를 사랑하고, 우리를 의존하고, 우리에게 도움을 받는 사람들을 진정으로 도와주는 일이다. 그래서 수천 억 원을 사회에 기부하는 것보다 자신의 존재를 최고의 존재로 만드는 것이 훨씬 더 큰 애국이며, 나라 사랑이며, 인류애라고 필자는 생각한다.

한국 사회에 노자나 공자처럼, 한비자처럼, 피터 드러커처럼, 앨빈 토플러처럼, 톰 피터스나 세스 고딘처럼 자신을 자기 분야에서 최고의 존재로 만든 사람들이 헤아릴 수 없이 많아진다면 한국 사회는 세계 최고의 사회가 될 것은 분명한 일이기 때문이다.

그렇다면 어떻게 해야 평범한 사람들이 자신을 최고의 존재로 도약시킬 수 있을까? 그 해답은 바로 책읽기 습관이다. 그것도 자신을 날마다 벼랑위에 세우는 그런 책을 읽어야 하고, 그런 책읽기 습관을 들여야 한다.

책을 읽어도 그저 데면데면하고, 별 반응을 불러일으키지 못 하는 책들은 멀리 하는 것이 좋다. 시간이 아깝기 때문이다. 왜 시간이 아까울까? 시간이 아까울 만큼 독서를 통해 얻는 것이, 변화되는 것이, 삶이 달라지는 것이 적기 때문이다.

오히려 그 시간 동안, 운동을 하거나 아니면 친구를 만나는 것이 더 나을지도 모른다. 결국 독서도 양날의 칼인 셈이다.

자신에게 너무 편한 책은 한 번쯤 의심해 봐야 한다. 독서를 하는 주된 이유 중의 하나는 자신과 다른 다양한 철학과 생각들과의 조우이다. 그런데 자신의 생각과 하나도 다른 것이 없는 책들은 결국 자신의 생각을 수도 없이 되풀이하는 것에 불과하다.

다람쥐 쳇바퀴 돌리는 식의 독서가 바로 이런 독서이다. 어제 읽었던 부류의 책들을 오늘 또 읽는다는 것은 어딘지 모르게 고루한 면이 없지 않다. 독자들 중에 어떤 한 작가의 책만 읽고 다른 작가들의 책은 절대 읽지 않는다고 하는 사람들이 있는 데, 이것은 매우 위험한 일이다.

왜 위험할까? 자신의 마음에 들고, 자신을 편안하게 해 주는, 자신을 즐겁게 해 주는, 부담이 없는, 즉 자신이 좋아하는 작가의 책만 읽으면 더 이상의 성장과 발전이 없기 때문이다.

학교나 회사에서 적당히 공부를 하고 일을 하는 것도 이와 다르지 않다. 결국 comfort zone의 영역에 머물기 때문에 더 이상의 변화와 발전은 없는 것이다.

comfort zone을 해석하면, '(일을) 적당히 함, 〔요령을 피움〕'이라는 의미다. 적당히 자신이 힘들지 않고, 부담되지 않게 일을 하는 것, 책을 읽는 것, 공부를 하는 것을 comfort zone 이라고 나는 말하고 싶다.

자신을 comfort zone으로 빠져 들게 하는 책들을 멀리 할 수 있어야 한다. 그렇기 때문에 훌륭한 독자들일수록 책을 잘 구별하고 선별해서 읽는다. 여기서 구별하고 선별한다는 말은 자신을 나태하게 만들고, 자신에게 별로 도움이 되지 않는 그런 책들 보다는 자신의 의식을 일깨워 주는 그런 책들을 먼저 읽는다는 것을 의미한다.

자신에게 가장 큰 도움이 되는 책들은 읽었을 때 자신을 가장 많이 흔들어 놓는 책이다. 오랫동안 자신이 가장 중요하게 생각했던 가치와 생각들을 산산조각 나게 만들어 놓는 그런 책이 훌륭한 책이다.

그래서 책은 도끼와 같은 것이어야 한다. 어떤 책을 읽었을 때 가장 많은 울림과 깨우침이 있는 책이 가장 좋은 책이다. 그래서 읽을수록 편해지는 책은 한 번쯤 의식해 봐야 한다.

읽을수록 불편해지는 책!, 즉 읽을수록 '아! 내가 지금까지 인생을 잘못 살아왔구나! 왜 이렇게 살지 못 했을까? 왜 이런 삶을 추구하지 않았을까?' 하는 깨우침이 나오게 하고, 자신을 자꾸 불편하게 만드는, 그런 책을 일찍 발견하고, 심지어 읽을 수 있다는 것은 큰 축복임에 틀림없다.

우리가 우리 자신에게 할 수 있는 최고의 선물은 안주나 편안한 삶이 아니라, 끊임없이 자신을 변화하고 혁신하는 일이다. 자신의 내면에서 쉴 새 없이 새로운 자신을 발견해 내는 일은 그것만으로도 눈부신 것이다.

그러한 눈부신 일을 할 수 있게 해 주는 최고의 도구는 바로 책이다. 즉, 독서하는 습관, 책읽기는 우리로 하여금 눈부신 인생을 살아갈 수 있게 해 주기 이전에 그 자체로 눈부신 행위 인 것이다.

이러한 눈부신 행위는 결코 편한 것과는 거리가 멀다. 불편하고 낯설고 심지어 어색하고 힘들지도 모른다. 하지만 그러한 눈부신 행위는 이러한 것들을 동반한다고 해서 절대로 퇴색되지 않는다.

독서를 한다는 것은 어쩌면 불편하고 힘들고 고통스러운 것인지도 모른다. 하지만 그것은 그러한 것들을 충분히 초월하여 엄청난 것들을 가져다주고 이룰 수 있게 해 준다. 그렇기 때문에 독서를 하지 않는다는 것은 인생의 가장 큰 낭비이며, 불행이다.

우리는 아직도 살아보지 못한 천 개의 삶이 있다. 우리는 그 천 개의 삶 중에 최소한 두서너 개의 삶은 살아보아야 한다. 한 번 뿐인 인생이다. 편한 삶을 추구해서는 안 되는 이유이기도 하다.

자신을 편하게 하는 책으로는 절대 자신의 갇힌 의식에서 벗어날 수도, 깨뜨릴 수도 없다. 벗어나던 아니면 자신의 좁은 의식을 깨뜨리고 새로운 크고 넓은 의식을 만들든 우리에게 가장 먼저 필요한 것은 의식을 초월할 수 있는 책읽기다.

자신의 정신적, 의식적 감옥에서 벗어나게 해 주는 돌파구가 되어 주고, 탈출구가 되어 줄 수 있는 그런 책읽기를 이제 우리는 시작해야 한다.

우리가 명심해야 할 한 가지는 이것이다.

"오늘의 나는 어제의 나와 달라져야 한다."는 것이다. 그리고 그 것을 실천하기 위해서는, 그것이 날마다 가능하게 되기 위해서는 편안한 책읽기는 던져 버려야 한다. 자신을 힘들게 하고, 괴롭게 하고, 자극을 주고, 충격을 주고, 정신을 혼미하게 하는 그런 책을 읽어야 하고, 그런 독서를 시작해야 한다.

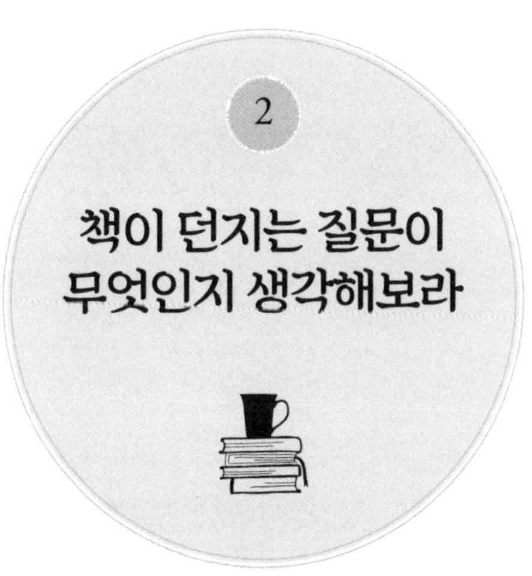

책이 던지는 질문이
무엇인지 생각해보라

"질문(question)이라는 단어 속에는 다른 단어가 들어 있다. '찾아서 추구함(quest)'이란 아름다운 말, 나는 그 단어를 사랑한다." - 엘리 비젤(미국 유대계 작가이자 인권운동가)

인생을 살다보면 우리들은 항상 전혀 예측하지 못한 일들과 맞닥뜨리게 된다. 때로는 힘들고 어려운 일일 수도 있고 즐겁고 신나는 일일 수도 있다. 하지만 인생을 망가뜨리게 하는 일은 전자가 아니라 오히려 후자일 경우가 많다.

전자의 경우에는 누구나 평소보다 더 의연하게 용기를 내고 대처해 나가지만, 후자의 경우에는 마음이 들떠서 경거망동하기 때문이다. 더 중요한 이유는 이것이다.

인생을 살다가 막다른 골목에 다다르게 되었을 때, 사람들은 스스로 자신에게 질문을 던진다. '왜 이렇게 되었을까?', '어떻게 하면 이 위기를 잘 극복해 낼 수 있을까?', '앞으로는 어떻게 살아야 이런 실수를 되풀이하지 않을 수 있을까?', '더 나은 삶을 위해서 나는 어떤 사람으로 변해야 하는 것일까?'

그래서 위기 속에 기회가 있는 것이다. 위기를 통해 사람들은 평소 보다 더 많은 질문을 스스로에게 던지고, 그 해답을 스스로 찾아내는 사람도 있지만, 많은 사람들이 책을 통해, 타인을 통해 얻게 된다. 그러면서 한 단계 더 성장하고 도약하게 되는 것이다.

위기를 통해 더 많이 도약한 회사, 개인, 민족을 보면 이러한 사실을 쉽게 알 수 있다. 반면에 신나고 즐거운 일만 있고, 별 문제 없이 잘 나갈 때는 오히려 경계해야 하고, 조심해야 한다.

그 당시에는 잘 나가고 신나고 좋은 일만 있어서 문제가 없어 보이지만, 그 기간 동안 지속적으로 성장하고 더 나은 삶을 살아갈 수 있도록 이끌어 주는 가치 있는 질문들은 상대적으로 적게 하게 된다. 그래서 잘 나갈 때가 더 위험한 것이다.

책을 읽으면서 가장 잘못된 습관은 그저 맹목적으로, 생각도 없이, 책의 내용을 수용하는 것이다. 우리 선조들이 남기신 말들을 보면, 책을 하루에 천 권을 읽는다고 해도, 뜻을 찾지 못 한다면 아무 소용도 없다는 말이 많이 나온다. 또한 책을 읽고 행함이 없다면 그것도 헛된 독서라고 경계하는 말도 많이 나온다.

자기계발서도 많이 쓴 작가로서 나는 자기계발서도 좋아하고, 고전도 좋아한다. 물론 고전 독서법, 고전불패와 같은 책들도 많이 집필했고, EBS FM 라디오에 고정 출연하여, '김병완의 고전불패'라는 코너에서 고전에 대해 소개하고, 고전과 일반 독자들을 연결시켜 주고, 쉽게 만날 수 있도록 고전의 높은 징벽을 무너뜨리는 데 일조하기도 했다.

하지만 그렇다고 해서 고전만 읽고 자기계발서는 읽지 말라고 하지 않는다. 뿐만 아니라 독자들에게 무조건 고전을 더 추천하지도 않는다. 오히려 자기계발서를 읽고 인생이 달라지고 부자가 되고, 의미와 가치 있는 삶을 살아가는 사람들이 더 많기 때문이다.

고전을 읽어서 부자가 되고, 인생이 달라진 사람들은 많지 않다. 하지만 자기계발서를 읽어서 부자가 되고, 인생이 달라진 사람들은 많다. 그 이유는 무엇일까? 그 주된 차이는 자기계발서는 독자들이 쉽게 먹고 소화시킬 수 있는 음식이지만, 고전은 독자들이 쉽게 먹고 소화시킬 수 있는 음식이 아니라는 데 있다.

즉, 고전이 자기계발서보다 훨씬 더 수준 높고 검증된 책인 것은 분명하지만, 현대인들에게는 자기계발서가 훨씬 더 쉽게 접근하고, 훨씬 더 쉽게 소화시킬 수 있는 책이다.

이 점에서 볼 때, 독서는 거울이고 반사라는 이야기를 필자는 많이 해 준다. 즉, 어떤 책이 아무리 수준 높고 좋은 책이라고 해도, 그 책을 읽는 독자의 수준이 초보자 수준이면 아무리 많은 시간 정독을 하고, 여러 번 읽는다고 해도 배울 수 있는 것은 극히 미비하다.

필자의 부끄러운 경험을 이야기 하겠다.

5년 전에 평범한 직장인에서 평생 죽을 때까지 독서만 하는 사람이 되고 싶어서, 안정된 직장과 연봉을 다 팽개치고, 무작정 회사를 그만두고, 부산에 내려와서 매일 책만 읽으려고 매일 도서관에 출퇴근하기 시작할 때, 필자가 가장 먼저 읽었던 책이 군주론이었다.

사실 제목은 아직도 긴가민가하다. 하지만 이 무렵에 읽었던 책 중의 하나는 군주론이었다. 그것도 유명한 저자의 해설이 담긴 매우 두꺼운 책이었다. 이 책을 정독하는 데 꼬박 3주라는 어마어마한 시간이 걸렸다.

독하게 마음먹고 이 책을 3주 만에 정독을 다 하던 마지막 날, 나는 이 책의 정독을 끝내고 나서 책을 덮는 순간! 엄청난 실망과 좌절과 배신감을 느꼈다.

이 책과 책의 저자에 대한 배신감이 아니었다. 바로 나 자신에 대한 배신감이었고, 좌절이었고, 실망이었다.

3주 동안 하루 열 시간 혹은 열다섯 시간 꼬박 읽어서 한 권의 책을 다 읽었다. 하지만 다 읽고 나서 마지막 페이지를 넘긴 순간 나에게 남는 것은 아무것도 없었다. 책 내용이 하나도 기억나지 않았고, 도대체 이 책을 통해 내가 배운 것, 느낀 것, 얻은 것이 털끝만큼도 없었기 때문이다.

그래서 나는 곰곰이 생각을 해 봤다. 왜 군주론이라는 최고에 고전 중의 고전을 읽었는데도 배우는 것, 느낀 것, 얻은 것이 단 한 가지도 없는 것일까? 문제는 책에 있었던 것이 아니라 내 자신에게 있었던 것이다.

내가 나이만 40대이지, 독서 수준, 의식 수준, 정신 연령은 매우 낮았기 때문이다. 특히 이 세 가지 중에서도 가장 낮은 것은 독서 수준이었다. 독서력이 초등학생 수준이었던 것이다. 믿기 힘들겠지만, 믿기지 않겠지만 5년 전에는 정말 이런 사람이었다. 하지만 지금은 3년 만권 독서를 한 독서의 신이고, 2년 동안 50권의 책을 출간한 집필의 신이 되었다. 그것이 모두 독서의 위대한 힘을 증명하는 것이다.

책을 읽어도 하나도 배우지 못하는 것, 인생이 달라지지 않는 것, 변화와 성장도 없는 이유는 딱 한 가지다. 책이 형편없어서가 아니라 나 자신이 형편없는 독서 수준이기 때문이다.

필자는 이 사실을 직접 체험했다. 덕분에 3년 만권 독서의 첫 6개월 동안은 아무리 많은 책들을 읽었다고 해도, 전부 밑 빠진 독에 물 붓기 식의 독서였던 것이다. 하지만 그 후부터 독서법과 독서 수준이 달라지기 시작했다.

다산 선생의 초서 독서법이 큰 힘이 되어 주었고, 나의 독서 습관과 독서 실력이 괄목상대하게 매일 달라졌고 향상 되었다. 몇 개월 후부터는 하루에 열 권 이상 독서를 할 수 있는 독서 천재가 되었고, 또 몇 개월 후 부터는 하루에 수십 권의 책을 가볍게 독파할 수 있는 독서의 신이 될 수 있었던 것이다.

독서 천재, 독서의 신이라고 해서 무조건 책을 빨리 읽는 것에 집중해서는 안 된다. 특히 일반 독자들은 오해를 많이 하는 것 같다. 무조건 빨리 책을 읽는 사람을 나는 절대 독서 천재 혹은 독서의 신이라고 말하지 않는다.

진짜 독서 천재, 독서의 신은 책을 제대로 깊게 넓게 읽을 줄 아는 사람이어야 한다. 그래서 속도도 빨라야 하지만, 속도만 빠른 독서는 수박 겉핥기 식 독서가 될 뿐이다. 그래서 초서 독서법이 매우 깊은 독서, 넓은 독서를 할 수 있게 해 주는 훌륭한 방법이기도 하다.

독서를 제대로 한다는 것은 독서를 통해 주입되는 지식과 정보만 수용하는 소극적인 독서가 아니라, 스스로에게 질문을 던지고, 책이 던지는 질문이 무엇인지 항상 생각하고, 더 나아가서는 책이 던지는 질문과 스스로가 던지는 질문에 대한 해답까지도 찾아내려고 하는 그런 적극적인 독서를 말하는 것이고, 이런 독서를 할 줄 안다는 것이다.

책을 읽었다면 최소한 책이 던지는 질문이 무엇인지 정확하게 폭 넓게 알아낼 수 있는 독자가 되어야 한다. 그런 독자가 되기 위해서 필요한 것이 무엇일까? 책을 너무 급하게 빨리 읽으려고 하는 욕심을 버리는 것이다.

한국의 독자들의 가장 큰 문제는 책을 너무 느리게 읽는다는 것이다. 하지만 그렇게 느리게 읽는다는 것보다 더 나쁜 것은 그러한 느림에 너무 큰 스트레스를 받는다는 것이다.

이것은 잘못이다. 독자들의 독서에 대한 자세와 마음의 태도가 잘못이다. 책을 읽을 때 가장 중요한 것은 책을 제대로 읽는 것이다. 절대 속도나 양은 큰 문제가 되지 않는다. 제대로 읽으면서 많은 책을 읽는 것이 중요하다.

속도에 집착하게 되는 순간, 그 독서는 날림이 된다. 속도에 집착하지 않고 책을 깊게 읽다 보면, 속도는 하나의 덤으로, 보너스로 얻게 된다.

책이 던지는 질문이 무엇인지 찾는다는 것은 바로 자기 자신을 찾아 가는 길을 간다는 것을 의미한다. 그리고 자기 자신을 찾아가는 길은 수많은 책들을 지나야 한다. 수많은 책들을 만나고, 수많은 책들을 겪어야 한다. 우리는 사람만 만나서는 안 된다. 동시대 인물이 아닌 오래 전의 인물들을 책을 통해 만나야 하고, 그것은 바로 책을 제대로 진실되게 대하고 만나는 것이다.

"마오쩌둥이 '붓을 들지 않는 독서는 독서가 아니다.' 라고 말한 것처럼 나는 "한 권의 책을 읽었다면 한 문장으로 요약할 수 있어야 제대로 읽은 것이다." 라고 말하고 싶다." 〈김병완, 〔김병완의 초의식 독서법〕, 182쪽〉

우리 선조들의 독서법인 초서 독서법을 현대인들에게 알리는 책인 〔초의식 독서법〕에서 필자가 한 말이다.

필자가 독서법 강의를 할 때 가장 많이 듣는 질문 중의 하나가 '선생님, 어떻게 해야 독서를 제대로 하는 것인가요?' 이다. 어떻게 하는 것이 독서를 제대로 하는 것일까?

필자는 한 마디로 요약해서 이렇게 대답한 적이 많다.

"한 권의 책을 읽었다면 반드시 하나의 문장으로 요약할 수 있어야 합니다."

세종대왕이 책을 읽을 때마다 백독백습을 한 이유가 바로 이것이고, 수많은 선비들이 절대 책을 허투루 읽지 않고, 심지어 수백 번 수천 번 읽고 또 읽었던 것도 바로 이것 때문이다.

눈으로 책을 빨리 한 번 읽는다는 것이 절대 책을 읽었다고 말할 수 없다. 책을 읽었다고 말할 수 있으려면 반드시 하나의 문장으로 압축하고 요약해 낼 수 있어야 한다. 그것이 바로 ONE BOOK ONE SENTENCE 독서법이다.

한 권의 책을 제대로 읽었다면, 그 책의 핵심을 한 문장으로 능히 요약할 수 있어야 한다. 그것이 수박 겉핥기식 독서에서 벗어나는 일이다.

그래서 스피드 리딩, 패스트 리딩, 속독에 집착해서는 안 된다. 필자는 세계 유일의 독서 천재 양성소인 독서 혁명 프로젝트를 하고 있다. 이 프로젝트를 하면 제주도에서도 매 주 참여하기 위해 오시는 선생님이 계실 정도로 전국 각지에서 오신다. 그 이유는 무엇일까?

그만큼 효과가 탁월하기 때문이다. 실제로 독서력이 62배 퀀텀 점프하신 분도 계시다. 즉, 이 분은 1주차 때는 분당 150단어 독서 실력이었는데, 3주차 때는 분당 16000단어 독서 실력으로 도약하셨다.

이 분 뿐만 아니라 여러 명이 독서 천재로 도약하기도 했다. 그럼에도 불구하고 필자가 강조하는 것은 절대 속도가 아니다. 절대 속도에 집착하지 말라고 여러 번 수업 시간에 강조한다.

왜냐하면 속도는 절대 중요한 것이 아니다. 오히려 제대로 깊고 넓게 읽지 못하면서 속도만 빠르면 그것은 잘못된 독서의 대표적인 유형이기 때문이다.

중요한 것은 속도가 아니라, 얼마나 깊고 넓게 제대로 이해하고 책을 자신의 것으로 다 소화시킬 수 있느냐 하는 것이다. 그리고 책을 읽었다면 그 책을 통해 자신이 달라져야 하고, 성장해야 하고, 무엇인가를 새롭게 배우고, 의식과 생각이 달라져야만 한다.

그렇기 때문에 책을 읽었다면 반드시 하나의 문장으로 요약하는 훈련을 해야 한다. 한 권의 책을 하나의 문장으로 요약하기 위해서는 책을 그냥 빨리 한 번 읽어서는 도저히 불가능하다.

사람에 따라서 수십 번 혹은 수백 번 읽어야만 가능하다. 필자는 이러한 훈련을 자연스럽게 초서 독서법을 통해 매일 수십 번 하게 되었고, 그 결과 지금처럼 2년 동안 50권의 책을 집필하는 집필의 신이 될 수 있었던 것이다.

이것을 강조하기 위해서는 필자는 이런 이야기도 독서법 강의할 때 항상 한다.

중국에는 '손자천독 달통신(孫子千讀達通神)'이라는 말이 있다. 손자병법을 천 번 읽게 되면, 도통하게 된다는 말이다. 즉, 한 권의 책이라도 제대로 읽게 되면, 그 책의 내용은 물론이고, 그 책을 뛰어넘어 큰 발전을 이룰 수 있다. 이렇게 되기 위해서 가장 필요한 것이 책의 모든 내용을 한 문장으로 꿰뚫어 볼 수 있을 만큼 그 책을 제대로 읽어 내는 능력이다.

책을 한 문장으로 요약하는 훈련을 해 보라. 그냥 책을 읽고 좋은 내용을 수용하고 고개를 끄덕이는 그런 독서가 아니라, 직접 머리를 사용하여, 책 한 권을 하나의 멋진 문장으로 요약하는 독서를 해보라. 독서 효과는 물론이고, 생각과 사고훈련이 엄청나게 되는 것을 느끼게 될 것이다.

필자는 이렇게 한 권의 책을 읽었다면 반드시 하나의 문장으로 압축하고 요약하는 훈련을 하는 독서법을 필자의 저작들 중의 하나인 초의식 독서법 책에 one book one sentence 라는 말을 사용하여 강조한 바 있다. 그래서 이러한 독서 형태를 'one sentence 독서법'이라고 말하고 싶다.

one sentence 독서법은 벤저민 디즈레일 리가 했던 말인 '사고하는 데 필요한 기술, 책을 쓰는 데 필요한 기술뿐 아니라 독서하는 데도 필요한 기술' 중에서 두 가지 기술을 향상시키는 독서법이다.

"책 읽는 습관을 기르는 것은 인생에서 모든 불행으로부터 스스로를 지킬 피난처를 만드는 것이다."

이 말은 우리에게 [달과 6펜스]로 유명한 영국의 작가 서머셋 몸(Somerset Maugham)이 한 말이다. 그런데 이 말은 정말 맞는 말이다. 즉, 진리이다.

책을 읽는다는 것은 인생이 바뀐다는 것을 의미하고, 그것은 큰 의미로는 책을 읽는다는 것은 자신의 생각과 의식 수준을 이전과 다르게 향상시켜 나간다는 것을 의미한다. 다시 말해 책을 읽는다고 해서 현실은 곧바로 바뀌지 않는다. 그렇다면 무엇이 바뀐다는 말인가? 바뀌는 것은 현실이 아니라 동일한 현실 속에서 살아내야 하는 사람이 바뀐다는 것을 의미한다.

어떤 생각을 하며 어떤 의식으로 살아가느냐에 따라서 동일한 현실과 환경 속에서 살아간다 해도 전혀 다른 인생을 제 각각 살아낼 수 있다.

형과 아우 두 사람이 똑같은 가정에서 똑같은 환경 아래서 성장해도 한 명은 검사가 되고, 또 한 명은 범죄자가 되기도 한다. 그것도 알코올 중독자에 전과범이었고 매일 가족들을 때리는 그런 망나니 같은 아버지 밑에서 자랐다고 해도 말이다.

현실은 우리를 망가뜨리거나 파괴할 수 없다. 우리를 망가뜨리거나 파괴할 수 있는 것은 이 세상에 존재하지 않는다. 유일하게 존재하는 것은 바로 우리 자신뿐이다.

필자의 첫 책인 [공부의 기쁨이란 무엇인가]를 보면 보이티우스에 대한 이야기가 나온다. 이 사람은 로마의 귀족 가문에서 태어나 최고의 교육을 받았고, 최고의 위치에 까지 20대에 올라간 상당한 특권층의 성공가도를 달리는 장래가 촉망받는 집정관이자, 정치가이자, 철학가이자 신학자였다. 심지어 로마 원로원과 사회의 핵심 인물이었고, 수많은 사람들로 존경받는 학자이기도 했다.

세상의 모든 것을 가진 이 사람은 하루아침에 왕실의 음모로 반역죄를 뒤집어쓰게 되었고, 사형 선고를 받고, 외롭게 인생의 최후를 맞이하게 되었다. 하루아침에 행복했던 가정이 파탄나고, 자신의 화려한 성공과 부와 명예와 모든 것이 산산이 부서졌던 것이다.

이제 그에게는 정말 사형 선고를 빼고 아무것도 남아있지 않았고, 실패한 인생이 되어 버렸다. 자, 이러한 기가 막힌 말도 안 되는 현실을 맞닥뜨리게 된다면 당신은 어떻게 할 것인가?

보통 사람이라면 분노와 억울함으로 치를 떨면서 인생의 마지막을 사형수 독방에서 지옥보다 더 한 고통과 슬픔으로 하루하루를 보낼 것이다. 하지만 보이티우스는 달랐다. 정말 이 사람보다 더 최악의 현실을 맞이한 사람이 또 있을까? 보이티우스는 지옥보다 더 한 현실에서 책을 통해 인생과 철학에 대한 물음을 깊게 탐구하기 시작했고, 그 결과 그는 자신의 실패한 인생을 위대한 작가로서 성공한 인생으로 바꿀 수 있었다.

권력을 비롯한 외적인 것들의 추구와 소유가 절대 진정한 행복도, 진정한 삶의 의미와 가치도 아니라는 사실을 그는 깨닫게 되었고, 높은 지위와 대중의 존경, 부귀는 참된 인생에 그 어떤 의미나 가치를 더할 수도 뺄 수도 없다는 사실을 알게 되었다.

그는 최악의 인생을 통해 최고의 삶을 건설했다. 그는 사형수가 되어 독방에서 서구 사회에서 성경 다음으로 가장 많이 읽히는 책 중의 하나인 [철학의 위안]이라는 책을 집필하는 거인이 되었던 것이다. 책을 읽는다는 것은 바로 이런 것이다. 어떤 인생과 현실에 맞닥뜨리더라도 그 인생과 현실을 최고로 살아낼 수 있는 원동력을 얻는다는 것과 같다.

책을 읽는다는 것은 인생이 바뀐다는 것을 의미하고, 그것은 작은 의미로는 책을 읽는다는 것이 하나의 피난처라는 말이 되기도 한다. 피난처가 없는 사람은 위기 상황일 때, 몸과 마음을 보존할 수 없게 되어 그대로 인생이 끝날 수 있지만, 피난처가 있는 사람은 몸과 마음을 보존할 수 있게 되고, 이 사실은 언제든 새로운 인생을 위해 도전할 수 있게 되는 기회가 생긴다는 것을 의미하기도 한다.

책을 통해 자신의 인생을 바꾼 사람이 있다. 바로 에디슨이다. 그리고 그는 정확히 이런 뜻의 말을 한 적이 있다.

"나의 피난처는 디트로이트 도서관이었습니다. 나는 맨 아래 칸 왼쪽의 책부터 맨 윈줄 오른쪽의 책까지 순서대로 읽었습니다. 문고판, 백과사전, 전집을 가리지 않고 읽었습니다."

필자 역시 피난처를 도서관으로 삼아 살았던 적이 있었다. 바로 밥만 먹고 책만 읽던 3년 간의 기간이었다.

우리가 인생을 살면서 마음이 울적할 만큼 혹은 삶을 살아낼 자신이 없을 만큼 큰 상처를 입었을 때, 혹은 세상만사가 자신의 뜻대로 다 되지 않을 때, 원하던 일이 뜻대로 잘 안 풀릴 때, 진짜 독서를 경험한 사람들은 독서의 위력을 누구보다 더 잘 확신하게 된다.

필자가 그랬다. 필자는 엄청나게 큰 상처를 받고, 세상만사가 다 잘 안 될 때가 있었다. 바로 밥만 먹고 독서만 하던 그 3년 이었다. 남자 나이 마흔에 직장을 다 포기하고, 돈벌이를 다 포기한 채, 가족의 생계와 안위를 내팽개치고, 오로지 책에 미쳐서 독서만 하던 그 3년 동안이었다.

어떤 상처를 받더라도, 도서관에 가서 책을 손에 잡고, 독서를 하게 되면 1시간 이내에 큰 위안을 얻게 된다.

미래가 불투명하고, 자신의 인생이 심하게 흔들리며, 어떤 삶을 살아야 할지조차 눈에 보이지 않을 때가 있을 것이다. 그 때 당신이 가장 먼저, 가장 집중해서 해야 할 것이 있다면 바로 독서다. 진짜 독서를 하면 자신의 길이 무엇인지, 어떤 삶을 살아가야 할지를 진정으로 알게 되기 때문이다.

당신의 직업이 무엇인가는 전혀 상관없다. 당신이 공부를 하는 학자여도 좋다. 아니면 경영을 하는 경영자여도 좋고, 정치를 하는 정치가여도 좋고, 주식 투자를 하는 투자가여도 좋다. 그리고 아이들을 키우는 가정주부이거나 학생들을 가르치는 교사여도 좋다. 나라를 지키는 군인이거나 연기를 하는 배우여도 좋고, 심지어 당신이 백수나 미성년자여도 좋다.

어쨌든 중요한 것은 당신이 무슨 일을 하든 독서를 하지 않으면 그 일을 좀 더 잘할 수 있는 좋은 환경을 스스로 포기하게 되는 것과 다름없다는 사실이다.

　그 결과 독서를 하지 않는 것은 그만큼 당신에게 직접적으로 손해가 된다.

　책을 읽는다는 것은 인생이 완전하게 바뀔 수 있는 가능성의 문을 열어젖히는 것과 다름없다. 최소한 필자는 이러한 사실을 온 몸으로 생생하게 경험한 적이 있다. 독서를 통해, 순수하게 독서를 통해서 필자는 인생이 바뀐 사람들 중의 한 명이기 때문이다.

　기억하자. '한 인간의 존재를 결정짓는 것은 그가 읽은 책과 그가 쓴 글이다.' 라고 말한 도스토옙스키의 이 말을 말이다.

　인생이 바뀌기 위해서는 부분이 아니라 전체가 필요하다. 인생이 바뀌기 위해서는 한두 권의 책이 아니라 수많은 책이 필요하고, 한두 시간의 독서시간이 아니라 그보다 훨씬 더 많은 독서시간이 필요하다.

　작고 사소한 양을 절대 무시해서는 안 된다. 작고 사소한 양이 매일 모여서 태산을 이루기 때문이다. 하지만 작고 사소한 양을 무시하는 사람들은 절대 태산과 같은 독서 시간과 독서의 양을 성취하지 못 한다. 티끌 모아 태산을 이루는 법이다.

　인생이 바뀌는 독서는 티끌 같은 작고 사소한 독서가 모여 결국에는 태산과 같은 독서의 두께와 양을 이루어야 가능하다. 그런 점에서 종이 한 장 차이를 절대 무시해서는 안 된다. 작고 사소한 것이라고 절대 무시해서는 안 된다. 한 장의 독서, 한 줄의 독서가 모이고 쌓여서 수천 권의 독서가 되는 것이다.

"책 쓰기는 본래 학벌이나 스펙과 무관하다. 그래서 책 쓰기는 공평하다. 그 누구도 처벌하지 않는다. 평범한 소시민이 책 쓰기를 통해 순수하게 인생을 뒤바꾸고 도약을 한 경우가 적지 않은 것은 바로 이 때문이다." 〈[김병완의 책쓰기 혁명], 김병완, 24쪽〉

읽기와 쓰기는 절대 다른 것이 아니다. 읽기는 고스란히 쓰기의 일부분이고, 쓰기도 또한 고스란히 읽기의 한 부분이다. 동전에는 반드시 양면이 있듯이, 읽기와 쓰기는 하나다.

책 읽기를 오래 전에는 귀족층과 사제들, 양반들만의 전유물로 만들어 버린 시절이 있었다. 서양이나 동양이나 매 한 가지였다.

하지만 시대가 바뀌었다. 책 읽기는 이제 누구나 즐길 수 있는 것이 되었다. 이미 오래전에 이렇게 되었다.

책 읽기의 전례처럼 책 쓰기 역시 서서히 변화를 맞이하고 있다. 인터넷과 SNS 혁명을 통해 누구나 짧은 글이지만 매일 쓰고 또 쓰는 시대가 열린 것이다. 이제 곧 누구나 책을 쓰는 시대가 올 것이다. 이미 필자는 누구나 책을 쓰는 시대이고, 누구나 책을 쓰는 그런 인류에 대해 강의를 한 적이 있다.

책 쓰기는 이제 하나의 트렌드가 되었다. 필자가 운영하는 책 쓰기 수업과 코칭인 저자되기 프로젝트는 바로 이러한 시대정신을 반영하고 있다. 책 쓰기가 결코 전업작가나 소설가들만의 전유물인 시대는 이미 지나갔다. 평범한 사람들도 누구나 책을 쓸 수 있다는 것을 보여주기 위해 시작된 김병완 칼리지의 '저자되기 프로젝트'는 평범한 사람들에게 작가의 꿈을 이루어 주고 있는 것이다.

읽기와 쓰기의 본질은 한 가지이다. 바로 자기 성장이다. 읽기를 통해서 우리는 변화와 성장을 도모할 수 있다. 그리고 쓰기를 통해서도 마찬가지다.

물은 스스로 길을 내듯, 사람도 역시 스스로 글을 써야 한다. 그것이 본능이기도 하다. 우리는 말을 하지 않고 살아갈 수 없다. 마찬가지로 이제 글을 쓰지 않고 성공적인 삶을 살아갈 수 없는 시대가 되었다.

물은 무엇인가를 얻기 위해서 길을 내는 것이 아니다. 그것이 본능이며 본질이기 때문에 길을 낸다. 인간도 이와 같아야 한다. 즉,

부와 성공이라는 것들을 획득하기 위해서, 혹은 이름을 날리기 위해서 책을 쓰는 것이 아니다.

필자가 책을 쓰는 이유는 내 자신을 발견하고, 세상과 조우하기 위해서이다. 여기에 대해서 필자는 〔김병완의 책쓰기 혁명〕이란 책에서 이렇게 말한 적이 있다.

"물이 스스로 길을 내듯 나 또한 그렇게 글을 쓴다. 글을 쓰면 쓸수록 인생의 길이 열리고 삶에 가치와 의미가 더해진다. 그러나 이것이 글을 쓰는 이유의 전부가 아니다. 더 중요한 이유가 있다. 글쓰기가 인간의 본질에 가깝기 때문이다. 그런 점에서 나의 글쓰기는 물과 닮았다. 물 흐르듯 글을 쓰고, 물처럼 욕심도 없이 꾸밈도 없이 의도도 없이 글을 쓰기 때문이다. 그렇게 길을 내고 흘러서 바다라는 새로운 세상과 조우하는 물처럼 나 역시 글쓰기를 통해 새로운 세상과 만났다." 〈〔김병완의 책쓰기 혁명〕, 김병완, 44쪽〉

책 읽기를 통해 새로운 세상을 만난다. 하지만 책 쓰기를 하면 더 큰 새로운 세상과 더 많은 새로운 세상과 만날 수 있다.

쓰기라고 해서 책 쓰기만을 의미하는 것은 아니다. 여기서 이야기하는 것은 오히려 책 쓰기가 아니라 읽기를 하면서 함께 독서 노트를 작성하는 그러한 쓰기를 의미한다.

필자의 부끄러운 과거를 이야기하자면 이렇다. 40대가 되기 전까지 11년 동안 삼성전자에서 휴대폰 연구원으로, 6 시그마 전문가로 활동을 하면서 읽은 책이 고작 10권 전후 밖에 되지 않았다.

나이만 많이 먹었지, 독서 수준은 초급 수준도 아니었던 것이다. 학창 시절에는 공부만 했고, 직장 생활 할 때는 일만 했지, 독서를 깊고 넓게 해 본 경험이 전무 했다. 정말 부끄러운 과거였다.

이러한 부끄러운 과거가 쉽게 사라지지는 않는다. 좋은 직장과 높은 연봉을 과감하게 포기하고, 오로지 책만 읽기 위해서, 도서관에 매일 출근(?)하게 된 필자는 첫 6개월 동안 매우 충격적인 경험을 하게 되었다.

그것은 하루 열 시간에서 열다섯 시간을 도서관 의자에 앉아서 책을 읽어도, 그것이 참된 독서가 아니었다는 사실을 6개월 동안 헛된 독서를 하고 나서야 깨닫게 되었다는 점이다. 더 충격적인 것은 남자 나이 40 세가 다 되었지만, 독서를 제대로 할 수 없다는 사실을 뼈저리게 6개월 동안 직접 체험하고 나서야, 그 사실을 인정하게 되었다는 점이다.

한국 사회의 평균에 속하는 보통 사람인 필자는 내 자신이 독서하는 법을 제대로 모르고 있다는 사실에 큰 충격을 받았다. 그리고 필자를 더 충격의 도가니로 빠지게 하는 글을 접하게 되었다. 바로 115권의 책이나 집필한 천재 괴테의 말이었다.

"대부분의 사람들은 읽는 방법을 배우는 데 오랜 시간이 걸린다는 사실을 모른다. 나는 80년이 걸렸고, 지금도 완전하다고 말할 수 없다."

　그의 말은 정말 충격 그 자체였다. 그렇다. 나를 포함한 대부분의 사람들은 책을 읽는 방법을 배우는 데 오랜 시간이 걸린다는 사실을 전혀 모른다. 그저 글자를 읽을 수 있다면, 그것이 책을 읽을 수 있는 것이라고 생각한다. 하지만 글자를 읽을 수 있는 것과 책을 읽어 낼 수 있는 것은 하늘에서 그냥 떨어지는 것과 공기를 이용해서 하늘을 날 수 있는 것만큼의 큰 차이가 있다.

　물속에서 하루 종일 물장난을 치며 노는 어린 아이들이 수영을 할 수 있다고 말할 수 없는 것처럼, 글자를 읽을 수 있다고 해서 독서를 할 수 있다고 말할 수 없다. 그래서 미국은 벌써 70~80년대에 독서법 세미나가 크게 유행을 한 적이 있었고, 그 결과 미국 국민들의 독서 수준이 집단 도약을 하게 되었다. 그래서 책을 읽고 쓰는 것이 매우 대중화되었고, 여가 시간에 가장 많이 하는 것을 조사해 보면 어김없이 독서가 1위 혹은 2위에 링크된다.

　왜 일까? 독서하는 법을 알기 때문에 독서가 매우 재미있고, 즐겁고, 신나는 행위로 승화 되어 버렸기 때문이다. 필자도 하루 종일 도서관에 있으면 매우 신나고 즐겁고 행복하다. 그 이유가 바로 독서를 제대로 할 수 있는 사람으로 성장했기 때문이다.
　그 결과 나는 보기 드물게, 도서관에서 기적을 만난 남자가 되었다. 명심하자. 필자를 다른 인생을 살 수 있게 해 준 것은 독서가 아니라 독서법이다. 훌륭한 독서법을 발견할 수 없었다면, 위대한 독서법을 익히지 못 했다면 필자는 여전히 지금도 이름이 알려지지 않은 도서관 한 구석에서 조용히 책을 읽는 백수 신세를 면치 못했을 것이다.

물론 백수가 나쁜 것은 아니다. 오히려 필자의 목표는 평생 책만 읽는 사람이 되는 것이었다. 하지만 세상은 나를 그냥 내버려두지 않았다. 세상에 쓰임이 된다면 나는 기꺼이 쓰임을 받을 것이다. 지금이 바로 그렇다.

필자가 가장 추천하는 독서법은 다산 정약용과 세종, 정조와 모택동이 실천했던 초서 독서법이다. 위대한 인물, 위대한 가문, 위대한 나라를 만든 것은 위대한 독서법이다. 더불어 평범하고 비루했던 필자의 인생을 바꾼 것도 역시 초서 독서법이었다. 그런데 지금 우리 사회에 제대로 된 초서 독서법을 배우고 익힌 사람들이 많지 않다. 99%의 사람들은 초서 독서법을 제대로 배우지도, 익히지도 못 했다.

그 이유는 바로 일제 강점기 때 모든 의식과 독서법이 말살 당했기 때문이다. 필자는 운좋게 3년 동안 도서관에 칩거하다시피 하면서 책을 읽는 과정에 저절로 터득하게 되었다. 여기서 오해는 마시라,

40대 남자가 직장일도 하지 않고, 가정도 돌보지 않고, 친구도 만나지 않고, 술과 담배도 하지 않고, 연애도 하지 않고, 그 어떤

취미생활도 하지 않고, 신문과 뉴스도 단 1분도 보지 않고, 그저 도서관에서 매일 하루 열 시간 이상 틀어 박혀, 3년 동안 책만 읽으면 어떤 일이 벌어질까?

밥만 먹고 3년 동안 책만 읽었다. 그렇게 한 사람이 과연 있을까? 대한민국에 이런 미친 짓을 한 사람이 과연 있을까? 없다. 중국과 일본에는 있을까? 많다. 그래서 중국이 강대국이고, 일본이 강대국인 이유다.

한국 사람들은 매우 영리하고 약삭빠르다. 그래서 자승자박이다. 너무 영리하기 때문에 손해 볼 짓은 죽어도 못 한다. 눈앞만 보기 때문이다. 무조건 빨리 빨리, 그리고 적당히 하는 민족이다.
공부도 적당히 해서 박사 학위를 따면 그 때부터 그만이고, 독서도 어느 정도 해서 뭔가를 깨닫게 되면 그 때부터 그만이다. 정말 빨리 어느 경지에 까지 올라가지만, 일단 어느 경지에 오르면 그 때부터 절대로 더 이상 수행하지 않는다. 그래서 얕고 일천하다. 그래서 위대한 세계적인 학자나 작가가 나오지 않는다.

필자가 다른 사람과 다른 것은 능력이나 열정이 아니라, 바로 마음 자세다. 필자는 도서관에 들어갈 때 평생 책만 볼 것이라는 생각으로, 평생 책만 보면 너무 좋겠다는 생각을 하루에도 수천 번 하면서 책을 읽고 또 읽었다.
사회적으로, 경제적으로 거의 밑바닥에서 살았지만, 필자는 그

순간이 최고의 인생이었고, 너무나 행복했다. 최소한 자기 자신에게 최대의 기회를 주었기 때문이다. 그래서 하루 종일 오롯이 책만 읽을 수 있는 나날들이 너무나 감사했고, 그래서 매일 신께 감사를 드렸다.

필자가 정말 강조하고 싶은 말은 읽기를 하면서 쓰기를 해야 제대로 된 독서가 된다는 사실이다. 눈으로 읽기만 하는 독서는 독서가 아니다. 반드시 손을 사용해서 초서하면서 독서를 해야 제대로 된 깊은 독서, 넓은 독서를 할 수 있게 된다. 그리고 그렇게 하면 더 빨라지고 더 깊어진다. 필자를 믿고 오늘부터 초서를 해 보라.

초서 독서법도 스키 타기와 같다. 처음에는 수십 번 수백 번 넘어져야 한다. 처음 배울 때는 스키를 제대로 즐길 수 없는 것처럼, 초서 독서법도 처음에는 자꾸 넘어지고, 즐길 수 없다. 하지만 중급 이상만 되면 제대로 즐길 수 있게 되고, 독서의 맛을 제대로 알게 된다.

한 번 독서의 맛을 알게 되면, 독서를 하지 않고서는 베길 수 없게 된다. 그것이 바로 안중근 의사가 느낀 것이고, 모택동이 체험한 것이다. 하루라도 책을 안 읽을 수 없게 되는 경지가 바로 그런 경지인 것이다. 필자가 바로 그 상태다. 하루 밥을 안 먹어도 되고, 하루 잠을 안 자도 되지만, 책은 읽지 않으면 안 된다.

그냥 읽으면 안 된다. 특히 한국인들은 지금 독서 후진국이다.

독서의 두께와 양과 질이 모두 세계 최하위다. 독서를 마치 시험공부하듯이 하려고 한다. 오랫동안 시험공부만 많이 했기 때문에 독서를 해도 시험공부하듯 한다. 독서는 절대 시험공부하듯이 하면 안 된다.

또한 한국인들은 속도와 수단에 침식당한 후진국형 독서를 하고 있다. 이러한 병폐에서 벗어나게 해 주는 훌륭한 우리 선조들의 독서법을 소개하고 잘 전달해 주는 책이 '김병완의 초의식 독서법' 책이다.

읽기와 쓰기는 말하기와 듣기와 같은 관계이다. 말하기만 할 수 없고, 듣기만 할 수 없다. 잘 듣는 사람이 말도 정확히 잘 할 수 있다. 읽기와 쓰기도 이와 같다. 잘 읽는 사람, 즉 훌륭한 독자가 훌륭한 작가가 될 수 있고, 훌륭한 작가가 또한 탁월한 독자이기도 하다.

'읽기는 쓰기의 기초이며 쓰기는 읽기의 연장이다. 읽기와 쓰기는 본래 하나이며 서로 보완하는 개념이다. 양쪽 모두 균형 있게 공부해야 좋은 성과를 거둘 수 있다.'

마크 트웨인의 이 말처럼 읽기와 쓰기는 본래 하나다. 그렇기 때문에 읽기만 하는 독서를 지금 당장 파괴하라. 이제는 읽으면서 쓰는 독서를 해야 한다. 속도와 수단에 침식당해서는 안 된다.

독讀한 습관 2

사람을 바꾸는 책읽기

"밥은 하루 안 먹어도 괜찮고, 잠은 하루 안 자도 되지만, 책은 단 하루라도 안 읽으면 안 된다."

_마오쩌둥

"세상에는 끝없이 무한한 것 두 가지가 있다. 하나는 우주고, 다른 하나는 인간의 어리석음이다. 하지만 우주가 실제로 끝이 없는지에 대해서 나는 여전히 확신할 수 없다."

_알베르트 아인슈타인

책에 미친 책광 인생을 살면서 필자가 느낀 것 중의 하나는 이것이다. 처음 1년~2년 동안 수천 권의 책을 돌파했을 때는 정말 세상에서 가장 똑똑한 사람이 된 것 같은 착각에 빠지게 된다는 것이다.

엄청난 책을 읽어대면서 필자는 스스로 너무나 교만해지고, 자만하게 된다. 너무나 똑똑해진 것 같은 생각에서 도저히 빠져 나올 수 없게 된다. 특히 읽은 책의 수가 3000권에서 5000권 사이가 될 때가 가장 위험하다.

재미있는 사실은 5000권을 넘어섰을 때, 비로소 반전이 일어났다는 사실이다. 5000권을 돌파하고 나면, 명확하게 알게 된다.

내가 알고 있는 것이 하나도 없고, 그 모든 지식과 정보가 오류를 포함하고 있는 것이라는 사실을 말이다. 그래서 그 때부터 매우 겸손해지고, 겸허해지고, 스스로를 낮추게 된다. 의식 수준이 높아질수록 자신의 마음은 낮아지게 되는 것이다.

이 때 깨달은 깨달음을 통해 필자는 다독의 기준을 1000권이 아니라, 5000권으로 삼는다. 다산 정약용 선생도 5000권을 사람이 해야 할 독서량으로 정한 바 있다.

"옷소매가 길어야 춤을 잘 추고 돈이 많아야 장사를 잘 하듯 머릿속에 5000권 이상이 들어 있어야 세상을 제대로 뚫어보고 지혜롭게 판단할 수 있다."

5000권을 읽어야 세상을 제대로 뚫어볼 수 있는 통찰력이 생긴다는 말이다. 제대로 된 식견과 통찰력이 없는 사람은 절대로 자신과 세상을 정확하게 판단할 수 없다. 그래서 교만해질 수밖에 없고, 안하무인이 되는 것이다. 그래서 큰 성공을 하지 못하고 쉽게 포기하고 쉽게 좌절하는 것이다.

한국 사회에 지식인들, 지성인들이 과연 많은 책들을 제대로 읽는 사람들일까? 전문적인 지식은 많을지도 모르지만, 독서는 지식이 아니라 어리석음에서 벗어나게 해 주는 지혜를 선사해 주는 위대한 도구이다.

그런데 너무 많은 한국인들이 독서를 그저 출세의 수단이나 성공의 수단으로 생각한다. 그래서 어리석음에서 벗어나게 해 주는 독서보다는 돈을 많이, 빨리 벌 수 있는 방법을 배우고, 빨리 성공하는 처세를 배우는 그런 부와 성공에 다가가게 해 주는 독서를 하고 있다.

필자는 3년 동안 책에 미쳐서 만 권 독서를 하게 되었을 때, 부동산이나 재테크, 심지어 주식과 관련 된 책들은 하나도 읽지 않았다. 왜냐하면 어리석음을 보게 해 주는 독서가 독서의 가장 큰 본질이기 때문이었다.

독서를 통해 얻게 되는 가장 큰 유익은 어리석은 자신을 되돌아볼 수 있게 해 준다는 데 있다. 어리석고 몽매한 자신을 불을 보듯 정확하게 볼 수 있게 해 주고, 시야를 흐리게 하는 무지와 어리석음의 안개들을 오뉴월에 눈 녹듯 사라지게 하는 것이 바로 독서이다.

독서를 통해 닫힌 생각과 마음이 열려야 하고, 상처가 치유되어야 하고, 더 나아가서 우유부단하고 소극적이고 부정적이었던 자신이 결단력 있고, 적극적이고, 도전할 수 있는 사람으로 나아가야 한다.

독서가 우리에게 줄 수 있는 가장 큰 유익이 바로 이런 것들이다. 그런 점에서 독서는 절대 지식과 정보만 얻는 지식적 독서가 되어서는 안 된다. 가장 하수가 바로 지식과 정보만 얻는 독서이다. 이러한 독서는 표면적인 독서이고, 단편적인 독서이다. 하지만 어리석음을 깨닫게 해 주는 독서는 지식과 정보를 넘어, 지혜와 의식을 향상시켜 주는 독서이고, 고수들의 독서이다.

그래서 이런 독서를 하는 사람들은 지식인이 되는 것이 아니라 지혜로운 사람이 될 수 있다. 지혜로운 사람이 되는 독서를 했던 사람들을 우리는 멀리서 찾는 것이 아니라 바로 우리 땅에서 먼저 살았던 우리 선조들에게서 쉽게 찾을 수 있다.

조선 시대 대표적인 독서광이자 글쟁이였던 박지원은 독서의 중요성과 효과에 대해서 자신의 책 〈연암집〉을 통해 이렇게 언급한 적이 있다.

"선비가 하루 동안 독서하지 않으면, 면목이 곱지 못하고, 언어 가 곱지 못하고, 갈팡질팡하여 몸을 의지할 데가 없어지고, 결 국은 마음 둘 데가 없어진다."

가장 중요한 것은 독서를 통해 세상을 내다보는 통찰력을 키우는 것이다. 통찰력을 키우는 독서를 하게 되면, 자기 자신의 어리석음을 정확히 내다 볼 수 있게 되고, 타인과 세상을 꿰뚫어 볼 수 있게 된다.

우리가 존재하는 이유는 무엇일까? 가장 중요한 존재 이유는 자기 자신을 스스로 더 나은 존재로 드높일 수 있는 존재가 되는 것이다. 즉, 성장과 발전이 최고의 가치가 되어야 한다는 것이다. 부와 명성이 아니라 성장과 발전이 최고의 인생 목표가 되어야한다는 것이다.

실존주의자 사르트르는 이런 말을 한 적이 있다.

"인간은 주어진 존재가 아니라, 자기 자신이 스스로를 어떻게 만드는지에 따라 또 다른 모습을 갖는다."

그의 저작 〈존재와 무〉에 나오는 이 말처럼, 우리는 이미 정해져 있는 그런 존재가 아니다. 통찰력을 기르는 독서, 어리석음을 보게 해 주는 독서, 지혜를 얻게 해 주는 독서를 통해 얼마든지 자신을 다른 존재로, 더 나은 존재로 만들어 나갈 수 있는 존재다.

인간이 바로 이런 존재이기에 독서는 인간에게 가장 중요한 행위 중에 하나가 된다. 스스로를 얼마든지 더 높일 수 있고, 전혀 다른 존재로 만들어 줄 수 있는 행위나 도구 중에서 가장 으뜸이 바로 독서인 것이다.

독서를 통해 자신의 어리석음을 보고, 날마다 자신을 더 나은 존재로 만들어 나간 대표적인 위인이 바로 미합중국의 대통령이었던 링컨이었다. 그는 사실 초등학교도 겨우 9개월 밖에 다니지 못 했다. 하지만 그가 잘 한 것이 하나 있었다. 책을 읽고 자신을 더 나은 존재로 만들어 나가는 성장과 변화가 가능한 독서를 멈추지 않고 계속해 나갔다는 것이다.

그는 사실 15세가 될 때 까지 글을 쓰는 법조차도 제대로 배우지 못 했다. 이만큼 그의 환경이 열악했다. 하지만 그는 책을 읽을 수 있게 되자, 그 때부터 평생 책을 손에서 놓지 않았다. 지독한 독서를 통해 그는 자신의 어리석음을 계속해서 통찰했고, 하나씩 고쳐나갔다.

링컨은 독서를 좋아했다. 좋아한 정도가 아니라 독서광이었다. '내가 가장 좋아하는 친구는 책을 선물하는 사람이다.' 라는 말을 할 정도로 그는 책을 사랑했다. 그가 얼마나 독서광이었는지 그의 친구의 이 말에서도 알 수 있다.

"자다가 새벽에 일어나보면, 종종 링컨은 그때까지도 잠을 자지 않고서 책과 씨름하고 있었다. 그는 보기 드문 책벌레였다."

인간의 가장 큰 어리석음은 태만이다. 링컨은 책을 통해 태만을 가장 혐오하는 사람이 되었고, 근면을 최고의 덕목으로 삼게 되었다. 인간의 가장 큰 어리석음은 자만이고 태만이고 방종이다. 책을 읽게 되면, 제대로 된 독서를 하게 되면 반드시 이러한 어리석음을 멀리 할 수 있는 사람이 되어야 한다.

속도 중독에서
벗어나는 독서

"달리는 사람은 A 지점에서 B 지점으로 이동하는 것밖에 못한다. 얼마 전까지만 해도 나도 그랬다. 하지만 어느새 나는 현재에 충실하기 위해 온 힘을 다하는 사람이 되었다. 다시 말해 걸으면서 그 걸음에 집중하는 것이다. 나는 걷는 순간의 매초 매분을 즐긴다. 우리가 가진 현재라는 창문은 우리 모습 그대로 매순간을 느끼며 살게 해준다." 〈에른스트 푀펠, 베아트리체 바그너, 〔노력 중독〕, 74페이지, 율리스즈〉

독일 최고의 뇌과학자 에른스트 푀펠 교수의 말이다. 이것은 마치 한국 사람들이 패스트 리딩의 노예가 되어, 책을 읽으면 무조건 끝까지 가장 빨리 읽어야만 한다는 강박관념 혹은 경주라도 하듯 그렇게 마구 읽어 버리는 상태를 말하는 것과 같다.

사실 필자도 3년 동안 책에 미쳤던 적이 있었다. 처음 6개월 동안에 가장 힘든 문제가 책 읽는 속도가 너무 늦다는 것이었다. 하지만 지금 생각해 보면 그것이 얼마나 어리석은 생각인지 모른다.

중요한 것은 속도가 아니라 책을 제대로 읽을 수 있느냐 하는 올바른 방법의 유무이기 때문이다.

하루에 천 권을 읽어 낼 수 있는 사람이라고 해도, 책을 제대로 읽어 내지 못 한 사람이라면 천 권이 아무 소용도 없는 종잇조각에 불과하게 될지도 모른다. 하지만 한 권이라도 제대로 읽어 낼 줄 아는 사람이라면 아무 뜻도 없이 그저 빨리 읽는 사람보다 훨씬 더 자신과 삶에 도움이 될 수 있을 것이다.

필자도 역시 처음 6개월 동안 전자와 같은 어리석은 독서를 했던 적이 있다. 대한민국 성인의 평균 수준이라고 필자는 자부하지만, 그 평균 한국인이 책을 제대로 읽을 줄 몰랐던 그런 수준이었음을 고백하기 싫어도 해야 할 것 같다.

우리 선조들은 책 한 권을 읽으면서 속도의 함정에 빠지지 않았다. 그래서 책 한 권을 읽어도 그저 빨리 눈으로만 읽고 다 읽었다고 하지 않았다. 한 권의 책을 수백 번 혹은 수천 번, 심지어 수만 번도 더 읽고 또 읽은 선조들도 있다.

세종 대왕도 최소 백독백습의 자세로 책을 읽었고, 다산 정약용은 눈으로 읽는 것을 넘어, 손으로 반드시 초서하면서 읽는 초서 독서법을 강조하고 또 강조했다. 초서 독서법은 어떻게 보면 패스트 리딩의 반대적인 성격이 강하다. 읽으면서 동시에 혹은 후에 반드시 기록을 하고 초서를 하면서 책의 내용을 요약해야 할 뿐만 아니라 자신의 생각과 의식을 확장시켜 기록해야 하는 독서법이기 때문이다.

물리적으로는 시간이 더 많이 걸릴 것 같다. 하지만 실제로 해보면, 그리고 숙달이 되어 중급 이상이 되면, 그 때 부터는 시간도 훨씬 더 적게 걸리고, 집중과 이해가 훨씬 더 잘 된다. 그래서 효과적인 독서법이라고 말할 수 있다.

독자들이여, 패스트 리딩의 함정에서 벗어나, 속도에 절대 집착하지 말라. 속도는 중요하지 않다. 속도는 저절로 자신이 수준 높은 독서가가 되면 해결된다. 빨리 읽을 줄 아는 것보다 더 중요한 것은 제대로 읽어 낼 줄 아는 것이고, 제대로 읽어 낼 줄 아는 훌륭한 독서가가 되면, 속도는 자연스럽게 향상 된다.

한국 성인들의 독서력은 매우 형편없다. 너무 많은 사람들이 자신의 독서 속도와 독서 능력에 불만을 가지고 있다. 실제로 독서 혁명 프로젝트에 참여하는 사람들의 평균 독서 속도를 측정해 보면, 분당 150단어 정도 밖에 나오지 않는다.

이 속도는 300페이지 되는 책 한 권을 읽는 데 10시간 전후의 시간이 걸리는 수준이다. 이것은 너무 늦다. 사실 독서 혁명 프로젝트에 오시는 분들에게 항상 필자가 강조하는 것은 '책은 너무 빨리 읽어서도 안 되고, 그렇다고 해서 너무 늦게 읽어서도 안 된다'라는 것이다.

왜 일까? 너무 빨리 읽는 것은 우리의 뇌가, 정확하게 말해서 전두엽이 따라오지 못 하기 때문이다. 그리고 너무 늦게 읽는 것은 우리의 우뇌의 능력을 무시하는 것이기 때문이다.

즉, 너무 늦게 책을 읽으면, 우뇌는 할 일이 없어서 새로운 정보가 제 때 들어오지 않으면, 스스로 이미지들을 만들어 내게 되고, 그래서 독서를 해도 잡념이 생기고 딴 생각을 하게 되고, 오롯이 집중할 수 없게 된다.

전자도 문제지만, 후자도 문제다. 한국인들은 대부분 후자의 경우이다. 자신의 독서 능력이 너무 빨라서 문제가 되는 사람은 아직 한 명도 만나 보지 못 했다. 하지만 독서 혁명 프로젝트를 수강하신 분들은 후자에서 전자의 경우로 전환되는 사람들이 적지 않다.

어쨌든 필자가 말하고 싶은 것은, 독서를 할 때 가장 중요한 것은 얼마나 제대로 읽었느냐 이지 속도가 아니라는 점이다. 그럼에도 속도에 대해서 이야기하는 이유는 적당한 속도가 가장 이상적인 독서 상태가 될 수 있기 때문이다.

그래서 독서 혁명 프로젝트를 하는 사람들에게 필자는 항상 강조한다. 가장 이상적인 독서 속도는 책 한 권을 한 시간 전후로 읽는 것이라고 말이다.

즉, 분당 1000단어 정도가 되면, 보통 300페이지 되는 책 한 권을 한 시간 전후면 다 읽을 수 있게 되는 독서 속도다.

즉, 독서를 너무 빨리 하는 것도 문제고, 너무 늦게 하는 것도 여러 가지 문제를 초래한다. 글자란 정해지지 않은 다양한 모양들이 아니라, 이미 정해져 있는 규칙적인 기호에 불과하다. 그렇기 때문에 글자 하나하나를 볼 때 현미경으로 오랫동안 보는 정도의 잉여 에너지를 투입한다는 것은 에너지 낭비인 것이다.

단어의 알파벳 순서가 바뀌어도 우리는 충분히 읽어낼 수 있다. 우리의 뇌는 우리가 생각하는 것보다 훨씬 더 성능 좋은 컴퓨터 이상이기 때문이다. 그런데 우리는 책을 읽을 때 너무 많은 에너지를 헛되게 낭비한다.

즉, 맹인이 손가락으로 글자 하나하나를 찍으면서 읽는 것처럼 마치 이렇게 독서를 하고 있다는 말이다. 필자는 이런 방식에서 벗어나야 한다고 주장한다. 실제로 독서 혁명을 통해 많은 분들에게 독서의 새로운 체험을 하게 해 준다.

많은 분들이 독서를 하는 데 스트레스가 없어지고, 집중을 더 잘할 수 있게 되었다고 말한다. 독서 혁명 프로젝트를 하기 전에는 자꾸 잡념이 생기고 속도가 너무 늦어서 스트레스가 심했다고 한다. 그런데 독서 혁명을 통해 제대로 된 속도로 읽게 되자, 잡념도 안 생기고 집중해서 읽을 수 있게 되고, 독서하는 것이 스트레스가 아니라 즐거움이 되어, 독서를 오롯이 즐길 수 있게 되었다고 한다.

독서를 할 때 가장 중요한 것은 속도가 아니다. 그럼에도 한국인들이 너무 많은 시간이 걸리고, 너무 많은 에너지가 낭비되는 잘못된 독서법으로 인해 귀중한 시간과 에너지를 낭비하게 되는 것이다.

필자의 처방책은 속도 중독에서 벗어나라는 것이다. 물론 적당히 빠른 속도, 너무 느리지 않는 속도가 가장 좋다. 하지만 속도가 독서의 9할은 절대 아니라는 점이다. 오히려 조금 느려도 제대로 읽는 것이 중요하다. 하지만 필자의 경험상 너무 늦게 읽으면서 제대로 읽기란 빨리 읽으면서 제대로 읽기보다 더 힘들다.

기억하자. one book one hour. 즉, 한 시간에 한 권씩 읽으면 가장 좋은 독서속도다. 이 정도 속도면 너무 빠르지도 않고 너무 늦지도 않다. 하지만 속도에 너무 집착해서는 안 된다. 속도에 너무 집착하다 보니, 속독법이 한때 유행하기도 했다. 하지만 속독법은 절대 필자는 추천하지 않는다.

속독은 오랫동안 독서를 통해 자연스럽게 독서 경험이 쌓이고 독서에 숙달된 독서 상급자들에게 저절로 되는 성과 중의 하나인 것이다. 그것을 의도적으로 독서 초급자들이 눈 훈련을 통해서 의도적으로 달성한다는 것은 마치 스키 초급자들에게 스키 최상급자 코스에서 스키를 타도록 하는 것과 별반 다를 바 없는 매우 위험천만한 것이다.

"내가 몇 년 전부터 자못 독서할 줄 알았는데 헛되이 마구잡
이로 읽으면 하루에 천 권, 백 권을 읽어도 오히려 읽지 않음과
같다. 모름지기 독서란 한 글자라도 뜻을 이해하지 못하는 곳
을 만나면 널리 고찰하고 자세히 살펴 그 근원을 찾아내야만 한
다." 〈다산 정약용, 〔기유아〕 중에서〉

그렇다. 우리가 독서를 아무리 많이 한다고 해도, 헛되이 마구잡
이로 하게 되면 하루에 천 권, 백 권을 읽어도 전혀 소용이 없는 무
용지물의 독서가 된다. 이런 독서 중에서도 가장 최악의 독서는 읽
으면 읽을수록 자신의 편견과 아집이 더 강해지고 확고해지는 독
서다.

독서를 하면 할수록 자신의 편견과 아집이 더 강해지는 독서는

오히려 하지 않는 것이 더 낫다. 다산 정약용이 말한 것처럼 '독서는 모름지기 뜻을 찾아야' 한다. 만약에 뜻을 찾지 못 한다면 하루에 천 권의 책을 읽는다고 해도 그것은 담벼락을 보는 것과 같다.

편견의 최고의 상태가 바로 담벼락을 보는 것이다. 눈에 보이는 것은 더 넓은 세상이 아니라 담벼락뿐이게 된다. 이 보다 더 편협한 것이 존재할 수 있을까?

아무리 많은 책들을 섭렵한다고 해도 자신의 편견을 과감하게 깨뜨릴 수 없다면 그 독서는 헛된 독서가 될 뿐이다. 그리고 이런 헛된 독서를 하면서, 자기 자신은 좋은 독서를 하고 있다고 스스로를 기만할 뿐이다. 이것이 가장 큰 문제다.

독자들은 모두 자신만의 생각의 틀을 견고하게 갖추어 놓고서, 전혀 상관없는 타인의 책을 읽으면서 자신은 다양한 사고의 세계에 완전하게 들어갔다고 착각만 할 뿐이다.

이것이 필자의 주장이다. 편견을 깨어 부수지 않는 독자들은 아무리 많은 책을 읽어도 자신의 편견에서 벗어나기 힘들다. 그렇기 때문에 자신을 바꾸는 독서 습관 중에서 가장 우선 되어야 하는 것은 자신의 편견에서 벗어나게 해 주는 독서 습관이다.

독자들이 쉽게 빠지는 함정 중의 하나는 자신이 어떤 책을 읽든 이미 그 책을 통해 얻을 수 있는 세계는 자신이 이미 만들어 놓은 세계에서 크게 벗어날 수 없다는 점이다.

이런 사실에 대해서 독일의 최고 뇌과학자이자 뮌헨 대학교 임상심리학과 교수이자 인문학 센터장을 맡고 있는 에른스트 푀펠은 자신의 책을 통해 다음과 같이 언급했다.

"어떤 텍스트도 '백지 상태'로 주어지지 않으며 모든 것은 사전에 형성된 패턴에 의해 읽혀진다는 사실을, 우리는 작가가 쓴 것과는 달리 자신의 경험과 생각에 비추어 텍스트의 내용을 읽는다. 독자들은 책에 쓰인 내용을 읽는 것이 객관적인 지식을 전달받는 것이라는 착각에서 벗어나야 한다. 그 착각이야말로 독서의 과정에서 생겨난 것일 뿐이다." 〈에른스트 푀펠, 베아트리체 바그너, 〔노력중독〕, 율리시즈, 269~270쪽〉

똑같은 책을 읽었다고 해서 똑같은 것을 배우고 익히는 것이 아니다. 독자에 따라 무엇을 배우고 무엇을 생각할 것인가가 천차만별이 된다. 그렇기 때문에 누군가에는 인생을 바꾸는 책이지만, 또 누군가에게는 아무것도 아닌 것이 되는 것이다.

왜 똑같은 책을 읽어도, 누구는 하나도 배우지 못 하고 그저 편견과 아집만 더 확장되고 강해질까? 그 이유에 대해서 공자와 맹자는 이렇게 말한다.

"배우기만 하고 생각하지 않으면 어리석어지고, 생각하기만 하고 배우지 않으면 위태로워진다." 〈공자〉

"생각하면 얻고 생각하지 않으면 얻지 못한다." 〈맹자〉

편견에서 벗어나게 해 주는 독서는 다른 말로 생각하며 읽는 독서이다. 독서를 통해 다양한 주장과 의견들과 조우하면서 생각하지 않으면 매우 위태롭게 된다. 편견과 아집만 더 강해지기 때문이다. 그래서 공자도 이렇게 말한 것이다.

독서만 하고 언제 생각할 것인가! 진짜 독서는 생각이다. 독서를 하면 할수록 생각하는 양과 질이 향상되어야 그것이 올바른 독서인 것이다.

생각해 보자. 세상에는 해답이 없는 많은 질문들이 있다. 가령 자본주의 시대인데 왜 노벨상을 돈을 주고 사면 안 되는 것일까? 왜 성은 돈을 주고 사면 안 되는 것일까?

정말 가난하고 힘든 여성을 평생 행복하게 경제적으로 자유롭게 살 수 있을 만큼의 돈을 준다면, 성을 돈을 주고 사는 것이 오히려 착한 일이 아닐까? 아니다.

면죄부를 돈이 남아도는 부자들에게 팔아서 그 수익으로 가난한 이들의 굶주림을 해결하는 것이 왜 나쁜 것일까? 오히려 좋은 일이 아닐까? 아니다.

왜일까? 세상에는 돈을 주고 살 수 있는 것과 없는 것이 존재하기 때문이다. 그렇다면 그 기준은 누가 정하는 것일까? 무엇이 그 기준을 정하는 것일까? 그것은 바로 그 물건 자체가 정한다.

즉, 우정, 사랑, 대학 입학 자격이나 노벨상, 사회봉사, 성 등은 절대로 돈을 주고 구매해서는 안 되는 물건들이다. 이런 물건들을 구매를 하게 되면 재화의 가치가 변질될 뿐만 아니라, 인간으로서 준수해야 할 무형의 가치와 의미가 손상되기 때문이다.

노벨상을 돈을 주고 사는 순간, 그 노벨상은 진짜가 아니라 가짜가 되어 버리고, 노벨상의 가치가 사라지게 되는 것이다. 우정이나 사랑도 마찬가지이다. 돈을 주고 사는 순간 그것은 진짜가 아니라 가짜가 되는 것이다.

가장 훌륭한 사람은 세상 일에 대해서 통찰력과 지혜를 가진 사람이 아니다. 자기 자신에 대한 통찰력과 지혜를 가지고 있는 사람이 가장 훌륭한 사람이다. 이런 사람이 편견과 아집에서 벗어날 수 있는 사람이기 때문이다.

동양의 현자 노자도 이렇게 말한 적이 있다. '누군가를 정복할 수 있는 사람은 강한 사람이지만, 자신을 정복할 수 있는 사람은 위대한 사람이다.' 서양의 현자 디오게네스도 역시 이런 말을 한 적이 있다.

"자신을 아는 일이 가장 어렵다는 말이다. 다른 사람에게 충고하는 일은 가장 쉽지만, 정작 자신에게 충고하는 사람은 적다. 자신에게 충고를 하기 위해서는 자신을 가장 잘 알아야 하기 때문이다. 하지만 자신을 정확하게 제대로 아는 것은 정말 어렵다."

세상에서 가장 어려운 일이 바로 자기 자신을 정확하게, 제대로 아는 일이다. 그리고 이것이 바로 편견에서 벗어나는 일이다. 이렇게 어려운 일을 해낼 수 있는 사람이 된다는 것, 편견에서 벗어날 수 있는 사람이 된다는 것은 정말 어려운 일이다. 하지만 이 일을 가능하게 해 주는 유일한 최선의 길이 바로 독서다.

왕안석의 〔고문진보〕라는 책에 보면 '권학문'이 나온다.

"가난한 자는 책으로 부유해지고, 부유한 자는 책으로 귀해진다."

부유한 자가 책을 읽으면 귀해지는 이유는 무엇일까? 자신의 편견과 아집에서 벗어나 가치 있는 일을 발견할 수 있고, 의미 있는 일들을 하면서 살아 갈 수 있게 되기 때문이다. 이 말은 절대로 빈말이 아니다.

책을 많이 읽는 사람은 자신의 실수를 남들보다 더 빨리 깨달을 수 있게 된다. 그래서 남들보다 더 빨리 고치고 수정하기 때문에,

어제보다 더 나은 오늘을 살게 된다. 하지만 책을 읽지 않고, 그저 하루하루 열심히 살아가는 사람은 비록 열심히 살지만, 어제와 오늘이 다르지 않다.

책을 읽지 않는 자는 자신의 편견을, 자신의 아집을 좀처럼 깰 수 없기 때문이다. 학창 시절에는 선생님이, 선배들이 이러한 역할을 해 주었지만, 사회인이 되고, 학교를 졸업하고 나면 그 때부터 더 이상 선생님도, 선배들도 자주 만날 수 없게 된다. 그렇게 되자 어리석고 우둔한 선택을 하게 되는 것이다.

"당신은 책이라는 것을 좋아하지 않을지도 모른다. 그런 당신은 분명히 부질없는 야심과 쾌락에만 몰두하고 있을 것이다. 그러나 세상은 당신이 생각하는 것보다 훨씬 광범위한데, 그 세계가 책에 의해 움직이고 있다는 것을 알아야 한다." 〈볼테르〉

당신이 책을 좋아하든 싫어하든 책을 읽어야만 하는 이유가 바로 이것이다. 세상은 책에 의해 움직일 뿐만 아니라 책을 통해 세상을 정확하게 꿰뚫어 볼 수 있고, 미래도 내다 볼 수 있다. 그렇기 때문에 책을 읽지 않는 것은 치명적인 손해인 것이다.

지식 중독에서
벗어나게 해 주는 독서

"책을 통해 스스로를 도약하고 정신적으로 성장해 나가고자 하는 데는 오직 하나의 원칙과 길이 있다. 그것은 읽는 글에 대한 경의, 이해하고자 하는 인내, 수용하고 경청하려는 겸손함이다."

필자가 좋아하는 헤르만 헤세의 〔독서의 기술〕이라는 책에 나오는 말이다. 내가 책에 미치게 된 이유 중의 하나는 책을 통한 지식의 확장이 아니었다. 책을 통해 지식이 아니라 그 너머에 있는 의식의 확장, 생각의 질적 향상이 나로 하여금 책을 손에서 놓지 못하게 했다.

가장 하수들이 하는 독서가 책을 통해 지식을 얻는 독서이다. 솔직하게 말해서 지식만을 얻고 싶다면 독서보다는 다른 방법들을 추천하고 싶다. 강의나 방송이나 다큐멘터리 등을 보아도 지식을 얻을 수 있다. 책보다 오히려 명강사의 명강의는 훨씬 더 많은 지식의 바다에 빠져들 수 있게 해 준다.

이제 책이 없어도 고급 지식을 원한다면 인터넷을 이용하여 얼마든지 얻을 수 있다. 심지어 하버드 대학교의 명강의를 한국에서도 들을 수 있다. 이제 지식은 얼마든지 통용되는 시대에 살고 있다.

과연 중요한 것이 지식일까?

필자는 절대 아니라고 생각한다. 피터 드러커를 연구해 보면 이런 생각은 더욱 더 확고해질 것이다. 그는 현대 경영학을 창시한 사람으로 추앙받고 있다. 왜일까? 그는 어떻게 해서 쟁쟁한 수천 명의 천재 경영학자들을 제치고, 현대 경영학의 창시자, 현대 경영학의 아버지가 될 수 있었을까?

그것은 바로 지식이 아니라 통찰력 때문이다. 지식보다 더 중요한 것들이 많기 때문이다. 아인슈타인은 공공연하게 '지식보다 상상력이 더 중요하다'고 말했다.

피터 드러커가 현대 경영학의 창시자로 추앙받는 이유는 그의 지식 때문이 아니라 남들은 도저히 볼 수 없는 것을 내다 본 그의

통찰력이다. 그는 지식근로자의 탄생, 정보사회의 등장, 그리고 그
것에 따른 평생 학습의 필요성, 마케팅과 혁신의 중요성, 민영화와
분권화 등을 예측하고 정확하게 설명했다.

경영대학의 교과서에 있는 지식을 암기하고 많이 알고 있었던
것이 아니다. 그는 아무도 알지 못 하는 지식 너머의 지혜, 통찰력,
선견지명을 가지고 있었던 것이다.

그는 언제부터 이러한 통찰력과 선견지명을 가지게 되었을까?
원래부터 머리가 똑똑하고 천재였을까? 절대 아니다. 그는 평범한
은행원이었고, 신문사 기자와 보험 회사원, 무역 회사원으로 사회
생활을 하기도 했다.

그에게 이러한 통찰력을 준 것은 책이었다. 일반 직장인으로 직
장 생활을 하면서도 그는 꾸준히 공부를 했고, 책을 읽었다. 그리
고 지식만을 습득하는 독서가 아닌, 지혜와 통찰력을 기르는 독서
를 했다.

독서 중에서 가장 좋은 독서는 지식이 아니라 생각을 넓혀주는
독서이다. 생각을 넓혀주는 독서를 하기 위해서는 단편적인 지식
으로만 가득 차 있는 모음집이나 주식이나 부동산, 재테크 관련 서
적보다는 고전을 읽는 것이 좋다.

우리가 독서를 해야 하는 이유를 여기서 찾아야 한다. 독서를 하
면 할수록 우리의 인생이 풍요로워지고, 생각이 넓어지기 때문이

다. 지식만으로는 우리 자신을 완성시킬 수 없다. 하지만 지혜와 통찰력으로 우리는 우리의 삶을 완성시켜 줄 수 있고, 성장시켜 줄 수 있다.

　한국의 지식인들 중에 세계적인 명성을 얻고 있는 석학들이 일본이나 중국에 비해 턱없이 적은 이유는 자신의 전문 분야에 대한 지식만 많고, 다른 분야, 소위 생각을 넓혀 주고 유연하게 해 주는 의식 확장을 위한 독서는 빈약하기 때문이다.

　미네소타대학 의대 교수인 김대식 교수가 쓴 책인 〔공부혁명〕에 보면 이런 말이 나온다.

　"세계적인 명성을 얻고 있는 석학들 중에는 역사나 철학(인문학)을 외면하고 자신의 연구 분야에만 매달리는 사람들은 별로 없다." 〈김대식, 〔공부혁명〕, 에듀 조선, 2003년〉

　인문학 독서를 하는 사람들이 하지 않는 사람들에 비해서 훨씬 더 창조적이고 뛰어나게 된다. 어떤 분야에 종사하는 사람이더라도 마찬가지이다. 그 이유는 인문학 독서가 지식을 넘어 지혜와 통찰력을 제공해 주기 때문이다.

　이렇게 지혜와 통찰력을 제공해 주는 독서 중의 하나가 독서삼독(讀書三讀)이다. 독서삼독은 세 번 독서하는 것을 말한다. 첫 번째는 책의 내용을 읽는 것이고, 두 번째는 책의 저자를 읽어야 하고, 세 번째가 자기 자신을 읽는 것이다.

즉, 최소한 세 번 이상 읽고, 곱씹어 봐야 한다는 것이다. 세 번은 최소 숫자이다. 사실 그 이상도 필요하다. 한 권의 책의 위력은 실로 엄청나다. 필자가 좋아하는 작가 중의 한 명인 프라츠 카프가는 다음과 같이 말한 적이 있다.

> "한 권의 책은 우리들 내면의 얼어붙은 바다를 깨는 도끼여야
> 한다."

정말 명언이다. 이보다 더 훌륭한 독서의 명언이 어디 있을까? 한 권의 책은 우리들의 편견과 작은 지식의 테두리를 사정없이 깰 수 있는 그런 도끼가 되어야 한다. 그래서 책은 도끼여야 하고, 파괴적인 행위여야 한다.

지식만 가득한 책은 절대로 우리의 내면에 있는 얼어붙은 바다를 깰 수 없다. 하지만 지식을 넘어 지혜와 통찰력이 가득 담겨 있는 책은 우리의 내면에 얼어붙은 바다를 충분히 깰 수 있다. 이것이 바로 최고의 독서인 것이다.

인생은 단 한 번뿐이다. 시시하게 살다 가고자 하는가? 아니면 단 한 번뿐인 최고의 인생인데 최고로 살아봐야 하지 않을까?

최고로 산다는 것은 어떤 것일까? 그것은 부와 명예를 가지는 것을 의미하지 않는다. 물론 부와 명예가 있으면 없는 것보다 좋을

수도 있다. 부는 훨씬 좋다, 가난하게도 살아봤고, 조금 풍요롭게도 살아봤다. 더 좋은 것은 물론 풍요롭게 사는 것이다. 하지만 그것이 전부는 아니다.

실제로 삼성전자에서 휴대폰 연구원으로 11년 동안 재직하면서 살 때 보다 오히려 3년 동안 도서관에 매일 출근(?) 하다 시피 하면서 책만 읽을 때가 최고로 살았던 시기였다. 일단 책을 통해 내 자신을 하루하루 성장시키고 확장시켰기 때문이다. 그 기쁨은 돈을 버는 즐거움보다 한 수 위였다.

책을 통해 우리가 얻을 수 있는 것은 너무나 많고 다양하다. 그런데 오직 지식만을 추구하는 가장 최악의 독서는 하지 않아야 한다.

세계에서 가장 영향력 있는 흑인 여성 중의 한 명인 오프라 윈프리는 책을 통해 삶의 희망과 용기를 얻어, 성공한 가장 좋은 사례다. 그녀의 독서 예찬은 필자의 수준을 넘는다.

"책을 통해 나는 인생에 가능성이 있다는 것과 세상에 나처럼 사는 사람이 또 있다는 걸 알았다. 독서는 내게 희망을 줬다. 책은 내게 열려진 문과 같았다."

한 권의 책을 읽고 인생이 송두리째 바뀐 사람들도 적지 않다.

미국 뉴햄프셔의 가난한 시골이 고향인 오리슨 스웨트 마든은 열 살도 되지 않아 아버지와 어머니를 모두 잃었다. 혼자가 된 어린 그를 도와주겠다고 나타난 후견인은 그를 제대로 키우기는커녕 어린아이를 일터로 내몰았다. 어린나이에 험한 일터에 끌려나온 그는 채찍으로 맞고, 발길질을 당하면서, 제대로 먹지도 못한 채 하루 종일 고된 노동에 시달려야 했다.

인생이 전혀 바뀔 것 같아 보이지 않는다. 교육도 제대로 받을 기회조차 상실한 어린 그는 미래가 회색빛이었다. 그러던 중 그는 시골 농장의 다락방에서 우연히 책 한 권을 발견하고 인생이 송두리째 바뀌는 경험을 하게 되었다.

마든은 그 한 권의 책을 읽고 나서, 아무것도 없는 환경 속에서도 스스로 자신을 성장시키고 발전시킬 수 있는 사람으로 의식이 달라졌고, 결과적으로 보스턴 로스쿨과 하버드 의대에서 각각 학위를 따 내는 기적을 경험하게 되었다.

마든은 책을 읽고 지식을 얻은 것이 아니라 인생을 얻었다. 새로운 눈부신 인생을 스스로 창조해 낼 수 있는 용기와 의식을 새롭게 얻었던 것이다. 독서를 했다면 사람이 달라져야 하고, 궁극적으로 인생이 달라져야 한다. 그것이 올바른, 제대로 된 독서인 것이다.

필자가 가장 싫어하는 독서 유형이 바로 책을 읽었는데도 변화가 없고, 사람도 달라지지 않고, 인생도 달라지지 않는 독서다. 필자도 역시 처음부터 인생을 바꾸고자 독서를 시작한 것은 아니었다.

　독서의 즐거움을 제대로 알게 되자, 독서를 멈출 수 없게 되었던 것이다. 도서관에 갈 때와 나올 때가 전혀 다른 사람이 되는 느낌이 들었다. 정말 신기했다. 어떻게 도서관에 들어 갈 때와 나올 때가 이렇게 전혀 다른 사람이 된 것처럼 느낄 수 있을까?

　그것은 책의 위력을 제대로 경험하게 되었기 때문이다. 책 한 권을 읽었다고 해서 과연 무엇이 그렇게 대단할까? 라고 반문하는 독자들이 있을 수 있을 것이다. 필자도 역시 40대가 되기 전까지는 이런 경험도, 이러한 생각도 단 한 번도 해 본 적이 없었다.

　하지만 직장과 연봉과 사회적 인생을 다 포기하고, 오로지 도서관에서 책만 읽게 되자, 그것도 아무 목적도 없이, 그 어떤 수단으로서도 아닌 순수한 독서를 하게 되자, 놀라운 경험을 하게 되었다.

　독서를 하면 할수록 내 자신이 달라지는 것을 몸소 체험하게 되었다. 책을 읽으면 읽을수록 나의 생각과 의식이 달라지고, 나의 편견과 아집이 사라지게 되었다. 물론 편견과 아집이 완전하게 사라진다는 것은 어불성설이다. 어제의 나보다 책을 통해 오늘의 나는 좀 더 지혜로운 존재로 성장하고 있다는 것은 충분히 느낄 수 있게 되었다.

　책을 통해 지식만을 습득하는 독서를 필자가 3년 동안 했다면 단

한 권의 책도 쓸 수 없었을 것이다. 하지만 지식이 아니라 의식의 확장을 책을 통해 날마다 경험했기 때문에 전혀 다른 사람으로 발전하고 성장할 수 있게 되었던 것이다.

중요한 것은 독서를 하느냐 하는 것이 아니다. 어떤 유형의 독서를 하느냐가 가장 중요하다.

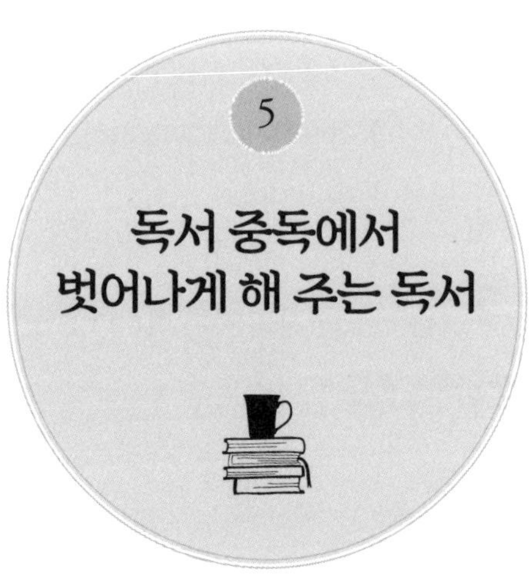

"독일어 연구가 하인츠 쉴라프가 〈독서 중독〉 (1987) 이라는 책에 쓴 글이다. '책을 읽는 사람은 책 속에서 자신만의 생각과 상상에 빠져 부모와 사제와 스승의 말을 무시하기 때문이다.' 200년 전 독서는 불복종의 뿌리였으며 어떻게 해서든지 막아야만 하는 행위였다." 〈에른스트 푀펠, 베아트리체 바그너, 〔노력중독〕, 율리시즈, 257쪽〉

독서 행위는 어떤 점에서 중독이다. 중독이라는 말을 나는 나쁜 말이라고 생각하지 않는다. 필자도 역시 독서 중독이 아니라고 말할 수 없을 것이다. 하지만 중독이라고 다 나쁜 것은 아니다. 마약이나 코카인, 담배, 알코올 중독은 몸을 망치지만, 독서 중독은 오히려 마음을 강하게 해 주고, 영혼을 풍요롭게 해 준다.

독서 중독에도 좋은 독서 중독이 있고, 나쁜 독서 중독이 있다. 좋은 독서 중독은 책을 읽을수록 자신이 달라지고, 인생이 달라지고, 더 큰 일을 도모하고 의미와 가치를 추구하고, 더욱 더 의미 있는 일들을 하는 사람이 되도록 해 준다.

좋은 독서 중독의 예가 바로 세종대왕과 안중근 의사이다.
안중근 의사가 한 말을 보면 이 사실을 명확하게 알 수 있다.

"일일부독서 구중생형극(一日不讀書 口中生荊棘) : 하루라도 책을 읽지 않으면 입 속에 가시가 돋는다."

안중근 의사는 독서를 너무 너무 좋아했고, 독서를 강조했다. 콜라 중독이 된 사람들은 콜라를 하루라도 마시지 않으면 아마도 입 속에 가시가 돋는다는 것이 무슨 의미인지 누구보다 잘 알 것이다.

안중근 의사는 필자가 알기로는 최고의 독서가이고, 진짜 독서를 한 위대한 독서가이다. 이 점에서 오해가 없어야 한다. 안중근 의사는 좋은 독서 중독의 예이다. 세종대왕도 그렇다.

세종대왕은 식사 중에도 좌우에 책을 펼쳐놓고 독서를 할 정도로 독서 중독이었다. 하지만 그러한 독서를 통해 국가 경영을 그어떤 왕보다 더 잘 한 성왕이 될 수 있었던 것이다. 세종대왕의 독서의 방법과 자세에 대해서 더 깊게 알고 싶은 분들은 필자가 쓴

〔공부의 기쁨이란 무엇인가〕를 찾아서 읽어보기 바란다.

훌륭한 위인들의 독서 중독은 문제가 아니다. 좋은 독서 중독의 사례이기 때문이다. 문제는 지금 이 시대에 살아가고 있는 많은 독자들이다.

책을 전혀 읽지 않는 사람들이 가장 큰 문제이기는 하지만, 책을 읽으면서도 책을 읽은 만큼 효과를 내지 못 하는 것이 더 큰 문제일 수 있다. 책을 읽어서 자신을 변화시키지 못 하고, 인생도 바뀌지 않는 그런 죽은 독서를 하는 독자들이다. 이것이 바로 독서 중독이다.

물론 독서의 궁극적인 목표가 인생이 바뀌는 것은 아니다. 인생 이전에 자기 자신의 생각과 의식이 성장하고 달라지는 것이 훨씬 더 중요하다. 하지만 책을 통해 자신의 생각과 의식이 달라지면, 자연스럽게 행동도 태도도 인생도 달라진다.

필자는 이런 것들을 순차적으로 다 경험해 봤다.

콜라 중독, 마약 중독, 알코올 중독, 섹스 중독은 모두 사람을 망친다. 그런데 독서 방법과 태도에 따라 독서도 이런 중독들과 같을 수 있다. 이런 독서 중독이 나쁜 유형의 독서 중독이다. 이런 독서 중독은 심하게 이야기하면 마약 중독과 거의 마찬가지이다. 그래서 나쁜 독서 중독에서 벗어나야 한다.

나쁜 독서 중독을 넘어 진짜 독서, 즉 좋은 독서 중독으로 전환해야 할 필요가 있다.

나쁜 독서 중독: 독서 시간 = 중독된 시간 = 낭비한 시간 = 잃어 버린 시간?

이런 공식이 적용되는 사람이 없다고 할 수 없다. 오직 읽기만 하는 바보도 있고, 읽어서 사람이 성장하고, 인생이 바뀌는 사람도 있다. 다행히 필자는 후자였다. 그래서 필자에게는 이런 공식이 맞다.

좋은 독서 중독: 독서 시간 = 즐거운 시간 = 유익한 시간 = 삶이 바뀌는 시간!

그렇다면 어떻게 해야 나쁜 독서 중독에서 벗어나, 좋은 독서 중독인 진짜 독서를 할 수 있을까? 필자가 제시하는 방법은 바로 '자신의 생각에서 벗어나 독서를 해야 한다는 것'이다.

독서를 할 때 가장 중요한 것은 지금 까지 우리가 하던 생각을 완전하게 버리고, 새로운 공기를 새롭게 마시고, 새로운 경치를 보고 느끼듯 새로운 생각의 세계로 들어가기 위해, 자신만의 패턴과 틀을 버려야 한다.

즉, 이것을 동양의 위인들과 고전에서는 자신의 마음을 비우고,

생각마저 비우는 것이라고 말한다.

가까운 우리 선조들의 사례를 찾아보면, 조선시대 학문을 시작하는 이들을 가르치기 위한 교과서였던 [격몽요결]에서 찾아 볼 수 있다.

특히 율곡이 강조한 독서 태도인 '허심평기 숙독정사(虛心平氣 熟讀精思)' 라는 독서 자세는 우리가 너무 쉽게 독서 중독에 빠져서 시간낭비와 같은 독서를 예방할 수 있는 자세에 대해 말해 준다.

"마음을 비우고 평정심을 유지하고, 입에 붙듯이 숙달해서 읽고, 정밀하게 사유하면서 책을 읽어야 한다."는 의미이다.

또한 이 책에서 독서할 때 경계해야 하는 것으로 누군가를 비판하거나 평가하기 위해 책을 읽는 것을 조심하라고 말한다. 즉, 독서 중독에서 벗어나기 위해서는 마음을 비우고, 자신의 편견과 사고의 틀을 모두 내려놓고, 겸허하게 배우기 위해 책을 읽어야 하고, 대충대충 읽어서는 안 되고, 정밀하게 사유하며 통달하게 될 만큼 숙달해서 읽어야 한다.

나쁜 독서 중독에서 벗어나게 해 주는 최고의 책읽기 습관은 바로 마음 자세이다. 책을 대할 때 자신의 마음을 비우고, 책을 통해 배우고자 하는 겸허한 마음 자세가 무엇보다 중요하다. 독서 중독자들은 모두 자신만의 책을 읽는다. 하지만 겸허한 자세로 진짜 독서를 하는 독자들은 어떤 책을 읽어도 자신을 먼저 내세우지 않는다. 자신을 비우고, 그 책의 생각과 철학, 주장과 의견을 먼저 눈과 귀, 마음을 열어서 수용한다. 수용하고 나서 겸허하게 가장 나중에 자신을 드러내고, 자신의 생각을 정리한다.

이 순서가 바뀌면 나쁜 독서 중독이 되는 것이고, 독서를 아무리 해도 배우는 것이 하나도 없게 되는 것이다. 순서가 올바르면 좋은 독서 중독이 될 수 있다.

빌 게이츠가 말한 것처럼 '오늘의 나를 있게 한 것이 마을 도서관'이 되게 하는 것이 바로 좋은 독서 습관이다. 에디슨도 역시 독서 중독이었다. 그는 책을 읽지 않고, 아예 도서관을 통째로 읽었다.

나쁜 독서 중독에서 벗어나, 좋은 독서 중독에 빠져야 하는 이유는 세상의 모든 것에는 임계점이 있기 때문이다. 적당히 읽어서는 독서의 임계점을 절대로 돌파할 수 없기 때문이다.

필자의 전작인 〔48분 기적의 독서법〕에서 필자는 처음으로 독서의 임계점이라는 개념을 만들어 설명한 적이 있다.

한 권의 책을 읽는 것은 한 개의 작은 세상을 경험하는 것이다. 1000권의 책을 읽는 것은 1000개의 작은 세상을 경험하는 것이다. 작은 세상이지만 천 개가 모이면 큰 호수도, 대양도 될 수 있다. 단

한 권의 책도 하나의 작은 세계로 인도하지만, 그러한 작은 세계가 몇 백 개가 되고, 몇 천 개가 되면 그로 인한 시너지 효과는 우리의 상상을 초월하게 된다.

그래서 우둔했던 친구들이 오로지 독서를 통해서 천재로 도약하게 되는 것을 우리는 자주 목격하게 된다. 존 스튜어트 밀이나 윈스턴 처칠 등은 좋은 독서 중독을 통해 비범한 존재로 스스로를 발전시킨 인물들이다.

이들의 공통점은 무엇일까? 책에 미쳤다는 말을 들을 정도로 독서를 지나치게 했다는 점이다. 프랑스 역사상 가장 위대한 대통령으로 평가 받고 있는 샤를 드골이 '위대해지려고 각오한 자만이 위인이 될 수 있다.'고 말한 것처럼, 위대해지려면 마음가짐이 가장 중요하다.

그 마음가짐은 독서에 대한 태도와 자세로 이어지게 된다. 그래서 목숨을 걸고 독서를 하는 사람들은 결국 독서의 위력과 자신의 훌륭한 마음 자세의 시너지 효과를 얻게 되어 도약하는 삶을 경험하게 된다.

3장

독讀한 습관 3

내 인생을 바꾼 책
: 명사들에게 배우는 책읽기!

"인간이 자연에게서 거저 얻지 않고 스스로의 정신으로 만들어낸 수많은 세계 중에서 가장 위대한 것은 책의 세계다."

_헤르만 헤세

'무엇보다도 행복한 것은 영치되는 책을 읽을 수 있는 일이었다. 한창 상상력이 약동하는 시기에 교도소 안에서 읽는 책의 내용은 그대로 살이 되고 피가 되는 느낌이었다. 이때 읽었던 헤겔의 철학서들, 마르쿠제의 〈이성과 혁명〉, 리스먼의 〈고독한 군중〉 등의 책은 지금도 기억에 생생하게 남아 있다. 끙끙대며 읽었지만 사회과학 용어와 문장에 친해지는 기간이기도 했다. 그 외에도 다양한 소설과 수필 등이 큰 감명을 주었다. 성경도 꼼꼼하게 묵상하며 읽었고, 그 시대적 배경을 기반으로 한 김동리의 〈사반의 십자가〉나 헤세의 〈싯다르타〉 등은 종교적 열정과 번민을 안겨주었다.' 〈박원순, [네가 있어 다행이야], 실패와 고난은 인생의 보약 중에서〉

CEO 중에서도 한 나라의 수도를 책임지고 있는 서울시장은 경영의 CEO를 포함하여 총체적인 CEO 라는 생각이 든다. 박원순 시장은 서울시장인 자신을 스스로 소셜디자이너라고 부르며 서울시를 세계 최고의 도시로 디자인해 나가고 있다.

박원순 시장은 인권변호사로, 시민운동가로, 이제는 천만 서울 시민의 삶의 터전을 디자인하는 소셜디자이너로 종횡무진 활약을 하고 있다. 과연 그의 저력은 어디서 나오는 것일까?

이 질문에 대해서 영국의 철학자이자 정치학자였던 토마스 홉스의 말을 이용하여 대답하고 싶다.

'만약 내가 다른 사람들과 같은 정도로 독서를 했더라면, 다른 사람들과 같은 정도밖에 몰랐을 것이다.'

박원순 시장은 지독한 독서광이다. 그리고 그에게 엄청난 독서를 할 수 있게 해 준 가장 고마운 장소가 교도소라는 사실은 매우 의아했다.

그는 자신이 쓴 에세이를 통해 자신이 아마도 교도소를 가지 않았더라면 대학 시절 4년 내내 합쳐도 못 읽었을 책들을 교도소에 있었던 그 넉 달 만에 다 읽지 못했을 것이라고 말한 적이 있다. 그의 진술에 따르면 독서를 하기에 가장 완벽한 장소는 교도소인 것이다.

박원순 시장은 수십 권의 책을 출간한 작가이기도 하다. 그의 책들을 보면 그가 읽고 인생에 큰 변화를 추구하게 된 책들이 너무 많다는 것을 알게 된다. 그 중에서도 한 권을 선정하라고 한다면 필자는 다산 정약용의 〔유배지에서 보낸 편지〕를 선정하고 싶다.

물론 박원순 시장은 프로이트의 저작도 깊게 읽었고, 사회학자 뒤르켕의 사회학 저서들과 역사학자 카의 저작들도 넓게 읽었다. 그 뿐일까? 헤겔, 마르쿠제, 리스먼 등의 책들도 탐독했을 것이다. 하지만 그 무엇보다 그의 강직함과 리더십, 흔들림 없는 추진력 등의 토대가 된 것은 시련과 고난 속에서도 두 아들에게 독서 하고 또 독서해야 함을 강조한 다산의 충고였을 것이다.

박 시장이 시장이 된 지금도 손에서 책을 놓지 않고 공부하는 시장으로 자신의 배움과 독서를 소홀하게 여기지 않는 것은 정약용의 공부와 독서에 대한 자세를 오롯이 배웠기 때문일 것이다.

개인과 조직을 혁신하여 삼성을 300배 성장시킨 경영의 귀재 이건희 회장은 과연 어떤 책을 읽었을까?

이건희 회장에게 가장 큰 영향을 준 책이라고 필자가 예측할 수 있는 책은 단연 〈도쿠가와 이에야스 인간경영〉이다. 그가 일본에 있을 때 가장 큰 감동과 용기, 삶에 대한 자세와 처세술을 배웠던 인물이 바로 도쿠가와 이에야스라는 사실을 아무도 부인할 수 없기 때문이다.

"나는 일본에 있을 때 일본의 역사를 알기 위해서 45분짜리 비디오테이프 45개를 수십 번 보았다. 도쿠가와 이에야스 30회 이상, 도요토미 히데요시 10회 이상. 오다 노부나가가 5~6회 보았다. 상상해 봐라. 시간과 정신 집중을 얼마나 해야 하는지. 나는 과거 10년간 그렇게 살아왔다."〈박원배, 〔삼성 이건희 회장의 신경영 어록 - 마누라 자식 빼고 다 바꿔라〕, 청맥, 1993년, 307쪽〉

이건희 회장은 이 인물에 대해서 비디오와 책을 통해 수십 번도 더 접하고 나서 대기업 회장이라는 엄청난 무게와 압박을 이겨낼 수 있는 사람으로 도약할 수 있었다고 감히 판단해 볼 수 있을 것이다.

이건희 회장이 도쿠가와 이에야스를 통해 배웠던 점은 무엇일까? 그것은 바로 인생을 살아가는 데 절대 서두르지 말고, 인내하며 하루하루 길게 내다보며 살아가라는 삶의 자세와 태도에 대한 것이다.

실제로 이 책을 읽어보면 이런 멋진 문장이 나온다.

"사람의 일생은 무거운 짐을 지고 먼 길을 가는 것과 같다. 서두르면 안 된다. 무슨 일이든 마음대로 되는 것이 없다는 것을 알면 굳이 불만을 가질 이유가 없다. 마음에 욕망이 생기거든

곤궁할 때를 생각하라. 인내는 무사장구의 근본, 분노는 적이라 생각하라. 승리만 알고 패배를 모르면 해가 자기 몸에 미친다. 자신을 탓하되 남을 나무라면 안 된다. 미치지 못 하는 것은 지나친 것보다 나은 것이다.”〈이길진, 〔도쿠가와 이에야스 인간경영〕, 경영정신, 2004, 239쪽〉

이건희 회장을 바꾼 것은 바로 도쿠가와 이에야스이다. 그리고 그 인물을 통해 이건희 회장은 숱한 역경과 시련의 시기에도 무너지지 않고, 오히려 자신을 더욱 더 강하고 현명하게 성장시킬 수 있었던 것이다. 그는 훗날 이런 말을 한 적이 있다.

“48년 동안 다른 사람 밑에서 인내 하나만으로 버텼던 사람도 있는 데 나라고 못할 것은 뭔가 하는 생각이 들었다.”

48년 동안 다른 사람 밑에서 인내하며 견디어 낸 인물도 있다는 것을 그는 알고 얼마나 큰 감동과 용기를 얻었을까? 그러한 용기와 감동은 그로 하여금 대기업 회장의 자리를 충분히 맡아서 그 자리의 사명을 다 해 낼 수 있는 인물로 성장시켰고, 뒷받침이 되어주었던 것이다.

이건희 회장의 유일한 취미는 사색이 바탕이 된 독서다. 독서가 바탕이 된 사색인지도 모른다. 어쨌든 그는 하루 종일 조용히 세상과 격리 된 채 독서와 사색에 많은 시간을 할애한다고 한다.

그러한 독서와 사색이 삼성을 30년 동안 300배 성장 시킨 거인
으로 만들어 놓았던 것이다.

인생이 바뀌는 독서를 하기 위해서 중요한 것은 절대로 남에게
뒤지지 않기 위한 독서를 해서는 안 된다는 것이다. 수박 겉핥기식
의 독서, 대입이나 승진을 위한 수험용 독서 등도 마찬가지이다.
　인생이 바뀌는 독서의 가장 중요한 선결 조건은 독서의 순수한
즐거움이다. 독서의 순수한 즐거움을 느끼지 못 한 독자는 절대 매
일 엄청난 양의 독서를 할 수가 없게 된다. 그 결과 독서의 일정
양, 즉 독서의 임계치를 절대로 넘어설 수 없게 되는 것이다.

대한민국 1인 기업가 공식 1호이기도 한 공병호 소장은 100여
권의 책을 써 낸 베스트 셀러 작가이며, 연간 300회 이상의 강의를
하는 스타 강사다. 그가 대한민국의 대표 1인 기업가로 우뚝 설 수
있었던 것은 바로 독서의 힘이었다.

그는 조직이 주는 안락함과 권력이 주는 달콤함을 거부했고, 외
로운 홀로서기를 시작했다. 평생직장의 시대가 저물고, 평생 직업
의 시대가 열리기 바로 직전에 그는 탁월한 통찰력으로 그것을 파
악하고, 평생 직업의 세계에 뛰어든 것이다.
　그가 쓴 100여 권의 책을 보면, 그가 얼마나 많은 독서를 한 사
람인지를 가늠하게 해 준다. 그가 엄청난 양의 책을 읽었다는 것은
그가 3년 동안 학교 도서관에 새벽 일찍 가기 때문에 거의 같은 자

리에 앉아서 하루 종일 수업 시간을 제외하고는 책을 읽었다고 충분히 예상이 되기 때문이다.

'독서파만권 하필여유신(讀書破萬卷 下筆如有神)'이라는 말이 있듯이, 책을 많이 읽은 사람은 책을 쓰는 것이 그렇게 힘들고 어려운 일이 아니다. 공병호 소장이 100여 권의 책을 썼다는 것은 결국 그가 읽은 책이 엄청나다는 것을 의미한다.

우리가 CEO라는 사람들을 생각하면, 보통 엄격하고 권위가 있는 사람들을 생각하게 된다. 하지만 영국에는 괴짜 CEO가 있다. 이 사람은 권위보다는 오히려 재미와 즐거움을 가장 중요한 비즈니스의 핵심으로 생각하는 사람이다.

이 사람의 이름은 바로 리처드 브랜슨, 버진 그룹의 CEO이다. 브랜슨의 경영 철학은 한 마디로 '상식의 틀을 깨고 상상하고, 무모한 짓이라도 과감하게 도전하고, 즐기라'는 것이다.

그렇다고 그가 아무 생각도 없이 아무 사업이나 벌이는 그런 사람은 아니다. 그의 좌우명은 '궁리하라. 그리고 도전하라'이다. 무엇을 하더라도 철저하게 궁리하고 생각한 후 도전하기 때문에 절대로 포기하는 일은 없다. 궁리하지 않고 시작하면 포기하게 된다는 것이 그의 지론이기도 하다.

브랜슨은 책을 읽고서 상상력을 키우고, 또한 모험심을 키웠을 것이라고 생각할 수 있다. 그가 다른 또래 친구와 달리 열다섯 살의 어린 나이에 남과 다른 길을 갔기 때문이다. 그는 잡지 사업을 시작했고, 그 어린 나이에 적지 않게 성공한다.

보통 그 나이라면 학교에 다니면서 학교 공부를 하는 것이 고작인 우리나라와 비교해 보면 정말 놀라운 일이 아닐 수 없다. 브랜슨은 책을 통해 모험을 하는 법, 상상하는 법, 남들과 다른 길을 개척하고 가는 법 등에 대해 생각하고 배웠던 것 같다.

삼성 신경영을 주도한 창조와 혁신의 리더였던 윤종용 CEO에 대해 아는 사람들은 그렇게 많지 않을 것이다. 하지만 윤종용은 평범한 공학도에서 시작해서 대한민국에서 가장 성공한 샐러리맨으로 평가 받고, 지금의 일류 기업 삼성의 토대를 마련한 CEO 이다.

그는 〔비즈니스 위크〕지가 선정하는 '세계 최고경영인 17인'에 뽑힌 적도 있고, 〔포춘〕지가 선정하는 '영향력이 큰 아시아 기업인 1인'에 뽑히기도 했다. 그가 평범한 공학도에서 삼성을 초일류 기업으로 성장시키는 데 가장 큰 공헌을 한 CEO가 될 수 있었던 비결은 무엇이었을까?

그것은 바로 그가 읽은 방대한 양의 책을 통한 통찰력과 예측력 때문이었다고 할 수 있다. 그는 분야를 가리지 않고 방대한 양의 책을 읽는다. 예술, 역사, 철학, 사회 과학 등 분야를 가리지 않고 그는 책을 읽고, 자신의 사고력과 통찰력과 미래를 내다 볼 수 있는 시각을 기른다.

그 덕분에 그는 구멍가게와 같았던 삼성전자를 초일류 기업으로 성장 시킨 경영자로 남게 되었다.

위대한 천재 괴테는 '지난 3000년의 역사를 활용하지 못하는 사람은 하루살이 같은 인생을 살 뿐'이라고 말한 적이 있다. 우리가 지난 역사를 활용하기 위해서는 반드시 책을 읽어야 한다.

즉, 책을 읽지 않고, 책을 활용하지 못하는 사람은 정말로 하루살이 같은 인생을 살아가는 것과 다를 바 없다고 말해도 과언이 아닐 것이다.

CEO들은 책을 읽으면서, 세상을 내다볼 수 있는 통찰력을 키우는 사유를 했을 것이다. 이건희 회장처럼 사람에 대한 공부를 철저히 하고 탐구하는 사유도 했을 것이고, 안철수처럼 영혼이 있는 승부와 같은 경영에 대해서 사유를 했을 것이다.

CEO들은 패스트 리딩의 노예가 아니라, 깊은 읽기와 넓은 사색을 통해 인생의 본질과 사람의 마음과 경영의 핵심을 꿰뚫을 수 있는 진정한 주인이 되기 위해 책을 읽었을 것이다.

단순히 지식이나 정보만을 습득하는 얕은 독서가 아니라 깊은 통찰로 이어지는 깊은 독서를 했을 것이다.

대부분의 위대한 CEO들은 조직의 비전과 전략을 새롭게 구상

할 수 있는 사유에 집중했을 가능성이 높다. 그리고 그 생각들을 조직 구성원 한 명 한 명에게 전달하기 위해 소통과 혁신을 위한 훌륭한 도구에 대한 사유도 잊지 않았을 것이다.

구본형 소장은 책을 읽고, 인생에 대한 깊은 사유도 마다하지 않았던 것 같다. 그가 말하는 평범한 인생에 대한 그의 통찰을 살펴보자.

"평범한 직장인들, 그들은 인생의 1/4은 교육받는 데 이미 썼다. 그리고 지금 또 다른 인생의 1/4은 조직인간으로 낙타의 삶을 사는 데 쓰고 있다. 그리고 인생의 중반이 시작되는 시점에서 조만간 회사를 나와 인생의 또 다른 1/4을 불러주지 않는 사회에 대한 불만으로 보내기 십상이다. 겨우 남아 있는 마지막 인생의 1/4은 체념하고 누구도 주목하지 않는 어두운 노년으로 보내게 되는 것이 불을 보듯 뻔하다." 〈구본형, 〔구본형의 필살기〕, 12~13쪽 〉

구본형 소장은 책을 통해 인생의 실상을, 평범하게 산다는 것의 실상에 대한 생각을 했던 것이다. 그리고 그러한 생각은 구본형 소장 자신의 삶을 전혀 다른 삶, 작가로서의 삶을 시작할 수 있도록 해 주는 동인이 되었던 것이다.

이처럼 책을 통해 생각이 바뀌면, 그 전에는 미처 할 수 없었던 생각은 결국 다른 인생을 살아낼 수 있는 토대가 되어 주는 것이다.

LS 전선의 구자열 회장은 책을 읽고 글로벌 경영에 대한 통찰력을 키울 수 있게 되었다고 회고한 적이 있다.

"오랜 해외 근무 경험을 통해 글로벌 경영이 중요하다는 것을 깨닫고 있었습니다. 하지만 이를 쉬운 말로 명확히 설명해주는 연구물이나 서적은 찾아보기 어려웠지요. 대부분 너무 지엽적인 내용을 다루거나 황당무계한 내용들이 많았습니다. 그러다 2002년 지인의 소개로 〈렉서스와 올리브나무〉를 읽게 되었습니다. 이 책은 새천년을 규정짓는 거대 담론이었던 '세계화'를 독창적인 방법으로 서술하고 있습니다.
LS 전선에 대표이사로 취임하면서 어떻게 회사를 이끌어나갈까 고민하던 시기에 이 책을 통해 세계화에 대해 확실히 이해할 수 있었습니다. 글로벌 경영에 대한 통찰력(insight)을 키운 셈이지요. "　　〈김현예, 〔책 읽는 CEO〕, 17쪽〉

그는 또 〈세계는 평평하다〉란 책을 임직원들에게 권해 준 적도 있다. 그 책을 통해 그는 구체적인 글로벌 경영에 대한 세계를 마음껏 사유했을 것이기 때문이다.

구자열 회장은 책을 통해 많은 통찰력과 사유를 얻고 있는 CEO임에 틀림없다. 그는 독서광으로도 유명하다. 책에 대한 그의 사랑은 남다르다고 한다. 2005년 겨울에 한 해를 마감하는 뜻으로 그

는 임직원 150명에게 〈CEO 칭기스칸〉이라는 책을 건네주기도 했
다.

　이러한 구자열 회장의 모습을 보면, 그는 책을 읽으면서 직원 양
성에 대한 생각, 회사 번영에 대한 생각을 많이 한다는 것을 알 수
있다.

　어떤 CEO는 책을 읽으면서, 책은 진정한 행복과 만족을 안겨주
는 것이라는 사실에 대한 깊은 사유를 하기도 한다. 철학자 디오게
네스가 알렉산더대왕에게 아무것도 필요 없고, 그저 햇볕을 가리
지 말라는 말을 할 수 있다는 것은 권력보다 더 나은 내면의 힘을
자신은 가지고 있다는 것을 말한다.

　그 내면의 힘은 바로 책을 통해 태산같이 높고 바다같이 넓은 사
유의 내공인 것이다. 책을 많이 읽고, 자신의 내면에 체화시켜 온
CEO들이 회사 경영을 하면서 만나는 수많은 시련과 역경에도 흔
들림 없이 진격해 나갈 수 있는 단 한 가지 이유는 내공 때문이다.

　그 내공이 바로 책을 통해 쌓아온 사유의 힘이며, 세상을 바라보
는 통찰의 힘인 것이다.

　세계 100여 개국에 제품을 수출하고 있는 글로벌 기업인 코맥스
의 변봉덕 회장은 책을 통해 세계를 내다보는 감각과 통찰력을 기
르는 글로벌 사고의 토대를 마련할 수 있게 되었다고 한다.

　그는 〈대국굴기〉 라는 책을 읽고 세계무대에서 경쟁을 할 수 있

는 글로벌 사고를 가지게 되었다고 다음과 같이 말한 적이 있다.

"역사는 오늘을 직시하여 미래를 창조하는 거울입니다. 이 책
은 세계 문명과 경제 발전을 아시아의 역사적 관점에서 재평가
하고, 사회각계의 다양한 평가와 의견을 종합해 속도감 있는
언어로 전개하고 있습니다. 강대국 굴기(屈起)의 경험과 교훈
은 세계화 시대를 살고 있는 우리들에게 외연(外延)을 넓힐 수
있는 모티브를 마련해 줄 것입니다." 〈김동성, 〔책 읽는 쓰는
CEO〕, 100쪽〉

변 회장은 이 책을 통해 강대국들의 지혜와 강인한 정신력에 대
해 많은 성찰과 배움을 얻었다고 말한다. 그는 특히 바다보다 더
낮은 저지대라는 열악한 국토라는 자연조건을 버티고, 그 곳에서
훌륭한 농토를 개간하고, 세계무대에 우뚝 선 경제 대국을 만든 네
덜란드에 대한 사유가 남달랐다.

그는 책 속의 네덜란드를 통해 우공이산(愚公移山)의 지혜를 배
웠고, 네덜란드인의 강인한 정신력과 어려움을 딛고, 과감한 노력
을 멈추지 않는 그들의 불굴의 의지에 크게 감탄했다고 한다.

그렇다. 세상에는 공짜 점심이 없고 저절로 되는 것은 하나도 없
다. 세상에는 공짜가 없다는 것을, 세상은 무엇보다도 정확하다는
것을 우리는 알아야 한다. 우리가 강대국이 될 만한 자격이 있다면
자연스럽게 강대국이 될 것이다.

수많은 강대국들이 저절로 강대국이 된 것이 아니라 엄청난 노력과 강인한 정신력과 굽히지 않는 도전과 물러서지 않는 의지는 강대국이 되기 위한 필수 요소라는 것을 우리는 책을 통해 깨닫게 되어야 하고, 그것을 실천할 수 있는 사람으로 변화되어야 하고, 성장해야 한다.

각종 자격증 시험을 온라인으로 볼 수 있게 해 주는 에듀윌의 양형남 대표이사는 공부벌레이자 책벌레로 통한다. 그는 특히 짐콜린스의 〔좋은 기업을 넘어 위대한 기업으로(GOOD TO GREAT)〕라는 책을 통해 큰 감명을 받은 적이 있다고 말한다.

좋은 것은 모든 위대한 것의 적이며, 이 땅에 위대한 것들이 이렇게 드물고 적고 위대해지는 것이 어려운 이유는 우리가 위대한 존재가 아니기 때문이 아니라 그저 좋은 정도에서 쉽게 만족하고 안주하기 때문이라는 것에 대해 깊은 사유를 하였다.

또한 그는 많은 책들을 통해 삶을 살아가고, 경영을 하는 데 꼭 필요한 지혜와 통찰을 배우기도 한다. 그가 책을 통해 배운 그런 경영 지혜 중의 하나는 '일계지손 연계지익(日計之損 年計之益)' 이다.

오늘 당장은 손해가 되더라도, 훗날에는 이익이 되는 일을 마다해서는 안 된다는 것이다. 인생을, 사업을 길게 내다보고 지금 당장 손해 보는 것이더라도 회피해서는 안 된다는 것이다. 그런 것 중의 하나가 사람에게 대한 투자이다. 지금 당장은 손해인 것 같지만, 훗날 큰 도움이 되기 때문에 사람을 만나고, 사람을 사귀는 것에 대한 시간과 노력과 물질에 대한 투자에 인색해 하지 말라는 것이다.

기자 출신의 김현예 씨가 쓴 책인 〔책 읽는 CEO〕란 책을 보면 각계각층의 CEO들이 어떤 책을 읽고 어떤 생각을 하며 어떻게 책을 경영에 접목시켜 왔고, 자신의 삶에 적용시켜 왔는지를 알 수 있다.

그 책에 보면 LG 이노텍의 허영호 사장의 이야기도 나온다. 그는 책을 통해 세상을 내다보는 프레임, 즉 생각의 틀에 의해 행복이 좌지우지된다는 사실에 대해 깊은 통찰을 할 수 있게 된 것 같다.

그는 이런 말을 한 적이 있다.

"제가 하고 싶은 말은 이겁니다. 행복한 사람의 마음가짐은 다르다는 거지요. 어떻게 세상을 바라보느냐에 따라 하는 일이 즐겁고 인생이 즐거울 수 있다는 겁니다. 비행기를 타고 가다 창밖을 내려다보면 우리가 복닥거리고 사는 세상이 자그마해 보입니다. 우리는 사실 채 손톱 크기도 되지 않는 곳에서 희로애락을 느끼는 거지요. 어떤 프레임, 어떤 생각의 틀로 세상을 바라보느냐에 따라 행복이 좌지우지된다는 걸 한 번 생각해보시라는 뜻에서 가져왔습니다." 〈김현예, 〔책 읽는 CEO〕, 40쪽〉

그는 경영이나 경제 관련 책이 아니라 심리학 책을 건네주면서 어떻게 세상을 바라보느냐에 따라 하는 일과 인생이 즐거울 수도 있고 괴로울 수도 있다는 것을 말했던 것이다. 이런 사실을 통해 볼 때 그는 책을 통해 세상을 바라보는 시각에 대한 통찰과 사유를 많이 하는 것 같다.

이 책을 계속해서 보면 그가 멘토로 삼는 경영자가 일본에서 경영의 신이라 불리는 이나모리 가즈오 교세라 그룹 명예 회장이라는 사실을 알 수 있게 된다. 그런데 이나모리 가즈오 회장의 위대함은 그가 '철학을 가진 경영자' 라는 데 있다.

이나모리 회장은 항상 '나는 철학이 있어 성공했다' 라는 말을 할 정도로 심오한 철학을 가진 사상가이기도 하다. 그가 경영의 신으로 평가받을 만큼 경영자로 성공한 비결에는 그의 깊은 철학이 한 몫 했다고 볼 수 있다. 그리고 그러한 깊은 철학은 바로 책을 통해 깊은 사유를 했기 때문이라고 말할 수 있다.

위대한 군사 전략가이자 성웅이었던 이순신 장군은 어떻게 23전 23승이라는 연전연승을 해 낼 수 있었던 것일까? 위대한 이순신 장군을 만든 것은 과연 무엇일까?

이순신 장군은 손자병법을 비롯해서 수많은 병법 책과 역사 책을 두루 통달한 후 자기 만의 전략인 학익진을 만들어 냈고, 거북선을 만들어, 임진왜란을 승리로 이끈 영웅이 되었다.

책을 읽었다면 그처럼 자신의 일과 분야에 적용하고 체화시킬 줄 알아야 그 독서가 더욱 더 빛을 발하는 것인지도 모른다.

이순신 장군에게 우리가 배워야 할 점은 매일 기록하는 습관이다. 그가 '난중일기'와 같은 소중한 기록을 남기지 않았다면 우리는 후세에 큰 문화유산을 물려주지 못 했을 것이다.

몇 년 전에 기술자들이 만들었던 귀한 물건들을 기록하지 않았기 때문에 아무리 노력해도 만들어 내지 못 하는 그런 병폐가 비일비재한 것이 사실이다. 하지만 이순신 장군은 매일 일기를 통해 살면서 경험하고 느끼고 생각한 것들을 기록하고 정리했던 것이다.

전쟁 중에도 매일 일기를 썼던 그는 책을 읽으면서도 반드시 정리하고 기록을 했을 것이다. 그러한 행동을 통해 읽은 책들의 지혜와 정수가 고스란히 이순신 장군을 더욱 더 위대한 인물로 성장시켰던 것이라고 필자는 생각한다.

세 번의 파직, 두 차례에 걸친 투옥을 경험하고 심지어 사형 선고를 두 번이나 받았던 그는 그 많은 좌절과 고난과 역경에도 흔들림 없이 우리 민족의 역사 위에 우뚝 섰다. 그가 경험한 고뇌와 고통의 두께를 우리는 감히 상상도 하지 못할 것이다.

그를 위대하게 만든 것은 시련과 역경이었다. 모략과 음해가 판치는 세상에서 세 번이나 자리에서 쫓겨났고, 두 번이나 사형선고를 받았던 그였다. 그러한 시련과 역경은 그로 하여금 어떤 상황에서도 두려워하지 않는 명장으로 거듭나게 했던 것이다.

그리고 그러한 변화와 성장을 가능하게 해 준 것이 이순신 장군이 평생 책을 가까이 하면서 많은 책을 읽어서 자신의 정신과 의식을 철저하게 향상시켰기 때문이라고 필자는 생각한다.

이순신 장군은 어떻게 책을 읽고 책의 내용을 체화해서 위대한 인물이 될 수 있었을까? 그 비결을 필자는 마이크로소프트사의 창립자인 빌 게이츠의 아래의 말에서 찾을 수 있었다.

"1년에 일주일은 생각하는 주간(think week)으로 정해놓고 회사 일은 뒤로 한 채 깊이 생각하는 시간을 가진다."

그렇다. 읽기만 하고 생각하는 시간이 결핍된 독서는 절대로 체화될 수 없다. 위대한 독서가들은 모두 읽기만 한 것이 아니라 많은 토론과 초서와 사색을 통해 생각하고 또 생각했다.

생각을 통해 CEO들은 책을 읽고 그것을 자신의 정신과 온 몸에 체화시켰다. 그리고 그 과정의 하나로 가장 효과적인 방법은 쓰기이다.

그래서 위대한 학자들과 독서가들을 보면 대부분 메모광이었고, 쓰기를 매일 했던 집필광이었던 것이다. 이순신 장군은 말할 것도 없고, 모택동, 다산 정약용, 세종대왕 모두 쓰기의 대가였다.

모택동은 '붓을 들지 않는 독서는 독서가 아니다'라고 까지 할 정도로 쓰는 것을 중요하게 여겼고, 18년 동안의 유배 생활을 하면서 500여 권의 귀한 책을 집필한 다산 정약용도 역시 초서 독서를 강조하고 또 강조한 인물이다.

안철수도 역시 쓰기를 통해 책을 읽고 자신에게 체화한 CEO 이다. 안철수는 누가 뭐래도 메모광이었고, 독서광이었다. 그가 독서광이기만 했다면 몰라도, 메모광이었기 때문에 읽은 책들이 고스란히 자신의 정신과 의식에 체화되어 인생이 크게 달라졌던 것이라고 필자는 생각한다.

안철수는 책을 많이 읽기만 한 것이 아니다. 읽으면서 반드시 사유를 하고, 그 사유를 메모한다. 그리고 그 메모한 것들을 모으면 책이 되는 것이다. 그리고 그 메모한 것들은 책 뿐만 아니라 고스란히 자신에게 체화된다.

눈으로만 책을 읽는 것은 정말 어리석은 일이다. 읽은 만큼 반드시 사유하고, 그 사유한 것을 쓰는 것이 매우 중요하다. 쓴다는 것은 결국 자기 자신을 성장시키는 것이고, 변화시킨다는 것을 의미한다.

읽고 사유하고 쓰는 것이 책을 읽고 그것을 제대로 체화시키는 유일하고 분명한 방법인 것이다. 읽고 사유하고 쓰는 것을 잘 할 수 있게 해 주는 독서법이 우리 선조들의 초서 독서법인 것이다.

초서 독서법에 대해서 간단하게 설명하기 위해서는 다산이 두 아들에게 보낸 편지를 봐야 한다. 〈두 아들에게 답함〔答二兒〕〉이란 편지에 실려 있는 초서법에 대한 아주 중요한 글을 보자.

"초서(抄書)의 방법은 먼저 자신의 생각을 정리한 후 어느 정도 정리가 되면, 그 후에 그 생각을 기준으로 취할 것은 취하고 버릴 것은 버려야 취사선택이 가능하게 된다. 어느 정도 자신의 견해가 성립된 후 선택하고 싶은 문장과 견해는 뽑아서 따로 노트에 필기를 해서 간추려 놓아야 한다. 그런 식으로 한 권의 책을 읽더라도 자신의 공부에 도움이 되는 것은 뽑아서 적고 보관하고, 그렇지 않은 것은 재빨리 넘어가야 한다. 이런 방법으로 독서를 하면 백 권의 책이라도 열흘이면 다 읽을 수 있고, 자신의 것으로 삼을 수 있게 된다."

"초서의 방법은 먼저 내 학문이 주장하는 바가 있은 뒤에, 저울질이 마음에 있어야만 취하고 버림이 어렵지가 않다. 학문의 요령은 전에 이미 말했는데, 네가 필시 잊은 게로구나. 그렇지 않고서야 어찌 초서의 효과를 의심하여 이런 질문을 한단 말이냐? "

"독서를 하려면 반드시 먼저 근본(기초)을 확립해야 한다. 근본(기초)이란 무엇을 말하는 것인가. 학문에 뜻을 두지 않는다면 독서를 할 수 없으며, 학문에 뜻을 둔다고 했을 때는 반드시 먼저 기초를 튼튼히 해야 한다."

이 글들을 토대로 하여 초서 독서법을 간단하게 정리하면 다섯 가지 키워드로 요약할 수 있다. 그 다섯 가지 키워드를 토대로 순서대로 배열하면 이렇다.

1. 입지(立志) _ 주관 의견.
2. 해독(解讀) _ 읽고 이해.
3. 판단(判斷) _ 취사선택.
4. 초서(抄書) _ 적고 기록.
5. 의식(意識) _ 의식 확장.

입지는 책을 읽기 전에 먼저 자신의 주관을 확립하는 단계이다. 그저 맹목적으로 책을 읽고 수용하고, 비판도 하지 않게 되면 책의 노예가 되고 종속이 되는 것을 방지하기 위해 가장 중요한 단계이기도 하다. 해독은 보통 사람들이 독서한다고 하는 행위이다. 독서를 통해 읽고 이해하여, 책의 핵심 주장과 내용이 무엇인지 파악하는 단계이다. 판단은 다산 선생이 말한 저울질이다. 자신의 생각을 정리한 것을 토대로 취사선택, 비교분석, 통합하고 성찰하고 생각하는 과정이다. 생각하고 또 생각하게 하는 과정이라고 할 수 있다. 초서는 말 그대로 핵심 문장과 견해를 따로 뽑아서 기록하고 간추려 놓는 과정이다. 이 과정을 통해 자신은 독자가 아닌 제 2의 작가가 되는 것이다. 의식은 이 책을 읽음으로써 자신의 의식과 생각과 주관이 바뀐 것에 대해 기록하는 과정이다. 다산 선생이 독서는 뜻을 찾아야만 하루에 천 권의 책을 읽어도 효과가 있다고 말한 것처럼, 책을 통해 자신의 뜻을 발굴하고 그로 인해 의식이 확장되는 과정이다.

여기서는 간단하게 설명을 했지만, 한 권 분량으로 자세하게 설명해도 부족할 것이다. 초서 독서법에 대해 더 많은 것들을 알고 싶은 독자는 〔김병완의 초의식 독서법〕이라는 책을 꼭 읽어 보기 바란다.

결론은 책을 읽고 체화하기 위해서는 반드시 '읽고, 사유하고, 쓰는 것', 즉 이 세 가지 삼박자가 매우 중요하다는 것이다.

태어난 지 1년 반 만에 소아마비로 전신이 마비되어 중증 장애인이 되어 휠체어에 의존하지 않으면 활동할 수 없는 그런 불행한 여성이 있었다. 그 여성은 과연 어떤 인생을 살아낼 수 있을까?

그 여성은 한 달 18만 원의 보조금을 받아 겨우 생계를 이어가야 했던 생활보호대상자이기도 했다. 재활원에서 직업 교육을 받고 공장을 다니면서 살아가기도 했다.

이런 여성이 어떤 삶을 살아낼 수 있을까? 중증 장애인이어서 평생 학교라고는 다녀 본 적이 없는 그녀였다.

이 여성이 남들보다 더 지독하게 할 수 있는 유일한 것은 바로 독서였다. 그녀는 똑바로 앉아서 책을 읽을 수 없었다. 그래서 평생 엎드린 채 1만 권 이상의 책을 독파했다. 그래서 그녀의 별명은 '만리장서(萬里長書)'라고 한다.

평생 1만 권 이상의 책을 읽게 되자, 중증 장애인이었던 그녀가, 평생 학교 문턱을 넘어서 본 적이 없던 그녀가 국민을 대표하는 국회의원이 되어, 보통 사람들도 되기 힘든, 상상도 할 수 없는 국회의원을 하고 있다는 것이다.

중증 장애인인 그녀는 여성장애인 최초로 국회의원이 되어, 많은 장애인들에게 절대 긍정과 희망을 안겨 주었다. 그녀는 책을 통해 얻은 통찰력과 지혜를 자신의 삶에 적용시켰고, 불가능은 없다는 것을 실제로 보여 준 작은 거인이다.

책 읽기는 한 사람의 인생을 바꾸어 놓는다. 책 읽기를 하지 않았다면 중증 장애인이었던 그녀가 국회의원이 될 수는 없었을 것이다. 책 읽기를 하지 않았다면 빌 게이츠가 지금처럼 큰 성공을 하지 못 했을 것이다.

우리는 우리가 읽은 것으로 만들어진다. 우리 인생은 우리가 읽은 책의 두께 만큼 두꺼워진다.

CEO들은 과연 어떤 책을 많이 읽을까? 그리고 어떻게 그것을 인생에 적용시킬까?

이러한 질문에 대해 좋은 답이 되어줄 사람이 있다. 바로 시스템 엔지니어링 분야 국내최고기업으로 평가받고 있는 포스콘의 최병조 대표이사다.

　그가 읽은 책들 중에 그에게 큰 감명을 주고, 용기를 주고, 지혜를 가져다 준 책은 〔발가벗은 CEO〕라는 책과 〔히든 커뮤니케이션〕, 〔이기는 습관〕, 〔에너지버스〕, 〔하이퍼포머〕, 〔굿바이 허둥지둥〕과 야마오카 소하치의 〔대망〕이란 책이다.

　그는 이런 책들을 통해 날마다 자신의 삶을 더 나은 삶으로 개선시키고 바꾸어 갈 뿐만 아니라 경영에도 적용하여 회사를 좀 더 탄탄한 조직으로 만들어 나간다.

　우리가 책을 읽지만, 책은 우리를 만든다. 우리가 어떤 책을 읽느냐에 따라서 우리는 그 책이 제시하는 사람으로 성장하게 된다.

　책을 읽는다는 것은 숨을 쉬고, 밥을 먹고, 물을 마시는 것과 같다. 우리가 마시는 공기와 먹는 밥과 마시는 물의 종류에 따라 우리의 건강과 몸이 바뀌듯, 우리가 읽는 책에 따라 우리의 인생이 달라지는 것은 당연한 것이다.

　누구나 책을 읽는다. 그리고 읽은 만큼 누구나 인생이 달라져야 당연하다. 하지만 읽은 책과 그 책을 읽은 이의 인생에 간격이 생기는 것은 제대로 소화를 시키지 못 했기 때문이다.

　CEO들은 보통 사람들보다 좀 더 많이 그리고 좀 더 잘 책을 읽고 소화를 시켜 어제와 다른 인생을 살아내는 사람들이다.

모든 사람들은 자신만의 한계와 벽을 가지고 있다. 책을 읽지 않는 사람들, 책을 아무리 많이 읽어도 제대로 소화시켜 자신의 정신과 의식을 강하게 만들지 못 한 사람들은 그 한계를 뛰어넘지 못 한다. 그 벽도 뚫지 못 한다. 하지만 책을 통해 자신의 정신과 의식을 강하게 만들고 향상시킨 사람들은 자신의 한계와 벽을 뛰어넘고 뚫을 수 있는 사람으로 성장하게 된다. 그러한 책을 통한 변화와 성장이 결국 누구는 CEO로 살고, 누구는 직장인으로 살고, 누구는 무직자로 살아가야 하는 그 차이를 가르는 것이다.

그런 점에서 우리가 책을 읽는 것이 아니라 책이 우리를 읽고 우리를 다듬어 준다고 말할 수 있다. 당신이 읽은 책이 결국 당신의 내일을 말해 준다.

오늘 당신의 인생이 우울하다면, 그것은 당신이 치열하게 살지 않았다는 것을 의미하는 것이 아니라 책을 치열하게 읽지 않았다는 것을 의미한다.

위대한 부자들에게는 돈보다 더 많았던 것이 있다. 바로 생각의 크기다. 생각의 크기를 키워주는 것은 바로 우리가 읽은 책의 두께다.

40여 년간 단 한 번도 적자를 내지 않고 흑자 행진을 이어온 포스코의 저력은 책이라는 사실을 필자는 오래 전부터 알았다. 위기일 때 더욱 더 혁신에 박차를 가하고, 사상 최대 실적에 안주하지

않게 하는 그들의 정신은 책을 통한 독서 경영에서 나온 것이라고
필자는 생각한다.

포스코 직원들에게 공유되는 신문에는 'CEO가 추천하는 한 권
의 책' 이라는 코너가 있을 정도로 포스코는 남과 다른 독서 경영
을 실천하는 좋은 기업이다. 포스코가 남다른 실적을 내고 지속 성
장을 계속 해 나갈 수 있는 이유는 책을 통해 계속해서 새로운 아
이디어를 얻고, 창의적인 생각이 마르지 않기 때문이다.

세계적인 일류 기업으로 성장한 포스코의 숨은 비결은 독서이
다. 독서를 통해 포스코는 틀에 갇힌 제한적인 사고에서 벗어나,
유연하고 창조적인 사고를 할 수 있는 조직으로 거듭났다.

책에서 읽은 것들을 그저 지식과 정보로 우리 내면에 담고 있는
조직이 아니라 책을 통해 얻은 것들을 자유자재로 마음껏 활용하
여 새로운 지혜와 아이디어로 만들어 낼 줄 아는 조직으로 성장해
나갔던 것이다.

책을 인생에, 사업에, 일에 적용시키는 유일한 방법은 바로 이것
이다.

책의 지식과 정보를 그저 내면에 담고 있는 것이 아니라, 그 지
식과 정보를 자신만의 새로운 생각과 아이디어로 발전시켜 나가려

고 하는 노력을 통한 깨달음을 추구하는 것이다.

'지식보다 상상력이 더 중요하다' 라고 말한 아인슈타인을 우리는 기억해야 한다. 책 속의 지식만을 수확하는 얕은 지식형 독서에서 벗어나, 새로운 아이디어와 사유를 스스로 창조해 낼 수 있는 깊은 창조형 독서로 우리는 전환해야 한다.

CEO들은 모두 얕은 지식 중심의 독서에서 벗어나, 아디이어와 창조력을 지속적으로 생산해 낼 수 있는 깊은 사유 중심의 독서를 했던 것이다. 그러한 깊은 사유형 독서는 인생을 충분히 바꿀 수 있는 것이다.

CEO들이 어떻게 책을 읽고 인생에 적용했는지를 이제 우리는 명확히 알 수 있다.

책을 읽고 그것을 인생에 적용하는 방법은 얕은 지식 중심의 독서가 아니라 깊은 사유 중심의 독서를 하는 것이다. 바로 그것이 해답인 것이다.

우리나라의 위대한 CEO는 누가 있을까? 필자는 세종대왕이야 말로 위대한 CEO라고 생각한다.

한글창제라는 위업보다 더 위대한 점은 그가 보여준 리더십이었다. 세종대왕은 수많은 신하들이 각자 자신의 분야에서 최선의 삶, 최고의 삶을 살도록 이끌어 준 위대한 리더였기 때문이다.

세종대왕이 리더였던 그 시기에 유독 과학자, 학자, 음악가, 장군 등이 많았다는 것을 우리는 알고 있다. 그리고 이러한 사실이 세종대왕의 위대한 리더십을 엿볼 수 있는 중요한 근거가 되는 것이다.

세종대왕의 위대함은 그가 평생 엄청난 양의 독서를 통해 깨달은 지혜와 통찰력을 제대로 국가 경영에 접목시켜 실천하였다는 것이다. 그러한 실천을 통해 세종대왕은 부국강병의 시대를 열었던 것이다.

그는 적재적소에 인적 자원을 배치할 수 있는 몇몇 안 되는 성왕이었고, 천재적 감각을 통해 신하들을 리더하고 이끌었던 리더였던 것이다.

창조경영의 실천가로 불리는 홈플러스 그룹의 이승한 CEO는 책을 통한 사유로 창조의 중요성을 간파한 후 창조경영을 강조하고 실천한 인물이다. 업계 12위였던 회사를 4년 만에 업계 상위권으로 도약시켰고, 연 매출 6조 원대를 돌파했다.

그는 책을 통해 얻은 통찰력을 경영과 상품에 바로 적용시켰다. 현대인들의 시간을 창조해 주는 창시(創時) 상품, 시간을 절약해 주는 절시(節時) 상품, 시간을 확장해 주는 확시(擴時) 상품 등이 좋은 예이다.

뿐만 아니라 오감을 창조하는 오감 창조 상품 등도 있다. 그는 책을 통해 어떻게 창의성을 이끌어 낼 것인가에 대해 고민하고 연구하여, 그 결과를 상품과 공간에 바로 적용을 한다.

그가 제시하는 책과 경영을 접목시키는 방법 중의 하나는 혁신을 넘어 새로운 것을 창조하는 사유의 흐름을 가지라는 것이다.

의문을 갖고 도전하고, 상자 밖에서 생각하고, 순서를 전혀 다르게 재구성하고, 어린아이의 동심을 가지고 상상해 보라는 것이다.

그의 경영은 일이 아니라 예술이라고 할 수 있다. 그의 눈에는 경영이 하나의 예술 작품과 같은 것이기 때문이다.

아시아인 최초로 아시아, 태평양 14개국의 듀폰을 경영하는 글로벌 경영자가 된 김동수 회장은 책을 통해 자신의 한계를 뛰어넘은 인물이다.

그는 14개국, 만 여 명의 직원을 이끌고 있는 글로벌 경영자이다. 그가 그렇게 될 수 있었던 것은 날마다 자신의 한계를 뛰어넘는 도전과 용기가 있었기 때문이다. 그의 성공 비결은 한 마디로 도전과 용기이다.

그는 책을 통해 미래는 지금보다 훨씬 더 무섭고, 복잡하고 경쟁이 심한 세대가 될 것을 내다 보았다. 그리고 그러한 통찰을 그저 가슴 속에 담아 준 것이 아니라, 실천에 옮겼고, 미래를 대비했다.
그 실천 중에 하나가 안전지대를 벗어나야 한다는 것이다. 그는 더 이상 정답이 없는 시대가 오고 있다는 것을 알았고, 끊임없이 자신의 안전지대를 하나씩 부수기 시작했다. 그의 경영 철학이 바로 이런 것이었다.

끊임없는 도전은 바로 끊임없이 자신의 안전지대를 내던져 버리는 것이었다. 그는 책을 통해 얻은 지혜를 통해, 도전과 소통, 원칙이 무엇보다 중요하다는 것을 알았고, 그것을 글로벌 플레이어가 되기 위한 필수 조건으로 삼았다.

그는 책을 통해 얻은 철학을 경영 철학으로 승화시켰고, 경영을 그렇게 했던 것이다. 그가 강조한 경영 철학은 이것이다.

Break the safety zone
Select best people, developing them, and trust them.
Work through them.

결국 어제의 한계에 갇히지 말고, 안전지대를 부수고 도전하고, 사람을 신뢰하고, 소통하고, 원칙을 지키라는 것이다.

식품업계 1위 업체인 CJ 제일제당의 김진수 대표이사는 책을 통해 경영의 본질을 꿰뚫는 통찰력을 얻은 인물이다.

그는 〈감옥으로부터의 사색〉이란 책을 통해 편법이나 첩경을 찾는 것은 낭비라는 것을 깨닫게 되었다고 한다. 경영에서 가장 중요한 것은 본질을 추구하는 것이며, 본질 외의 것은 결국 비전략적인 것이 되어야 한다는 사실을 그는 통찰했다.

회상 경영이나 삶에 있어서 본질을 추구하지 않고, 자꾸 첩경이나 편법을 찾는다면 평생 시간을 낭비하게 되고, 다른 사람의 눈치만 살펴야 한다. 정작 자신이 집중해야 할 일에 집중하지 못 하게 되는 것이다.

이것보다 더 큰 인생 낭비가 또 어디 있을까? 그는 책을 통해 일이든, 사업이든, 경영이든 본질에 집중하는 것이 가장 중요한 것임을 깨달았고, 실천했던 것이다.

어떤 CEO는 우회전략에 대한 책을 읽고서, 일과 사업, 경영도 이렇게 해야 한다는 것을 깨달았다고 한다.

너무 열심히 일만 하는 사람은 절대로 성공하지도 못 하고, 오래 가지도 못 한다고 한다.

일주일에 하루나 이틀 정도는 확실하게 쉬는 사람, 하루에 8시간은 확실하게 숙면을 취하는 사람들이 길게 오래 성공한다는 사실을 깨닫고, 경영에도 이런 방법을 도입하였더니, 회사가 더 생산성이 높아지고, 더 경쟁력이 높아졌다는 것이다.

어떤 CEO는 경청, 존중에 관한 책을 읽고서, 직원들이 행복하면 생산성이 더 높아진다는 것을 알고서, 바로 경영에 도입하여, 직원들의 복지와 여가 시간, 저녁 시간을 100% 확보해 주었다고 한다.

그렇게 해 주었더니 마법처럼 회사의 생산성이 경이롭게 향상되고, 회사가 정말 일하기 좋은 공간으로 탈바꿈해 버렸다는 것이다.

책과 경영을 접목시킨다는 것을 어렵게 생각할 필요는 없다. 책을 통해 얻은 사유와 통찰력을 자연스럽게 용기를 내서 경영 철학으로 승화시키고, 작고 사소해 보이는 현장과 회사에 하나씩 적용시켜 나가면 되는 것이다.

물론 경영 서적을 읽으면 직접 적용이 가능할 것이다. 하지만 경영은 결국 인간에 대한 일이다. 인간의 심리와 의도, 원리와 이해를 바탕으로 하는 인문 고전과 역사, 소설 등도 인간에 대한 깊은 통찰이 가능한 책들이다. 이런 책들을 많이 읽고 깊은 사유를 하는 경영자들은 훌륭한 경영을 할 수 있게 되는 것은 어쩌면 너무나도 자연스럽고 당연한 것인지도 모른다.

하지만 이 과정에서 한 가지 사실을 누락시켜서는 안 된다. 책을 통한 지혜와 통찰을 경영으로 승화시키기 위해서 가장 중요하고 필요한 요소는 용기와 실천력이다.

아무리 많은 지혜와 통찰을 책을 통해 얻었다고 해도 그것을 경영에 접목시킬 수 있는 용기가 없다면 그 지혜와 통찰은 무용지물이 될 것이기 때문이다.

그런 점에서 용기는 고대 철학자들이 가장 중요하게 생각했던 덕목인 것이다. 아무것도 도전하지 못 하는 나약한 정신, 즉 나약함은 가장 최악의 성격이었던 것이다.

책을 통해 경영자들은 수많은 시행착오를 대신 경험할 수 있는 반면교사를 얻은 셈이 된다. 하지만 그것을 제대로 적용하기 위해서는 도전 정신과 용기가 필요하다. 그런 점에서 기업가 정신의 토대가 되는 것은 용기와 개척 정신이다.

바다를 바라보는 것만으로는 절대로 바다를 건널 수는 없다. 위험하고 두려워도 바다에 뛰어들어야만 한다. 그것이 바로 기업가 정신인 것이다.

위대한 CEO들은 책을 통해 휴식과 충전의 중요성을 알고, 그것을 경영과 일과 인생에 적용시킨다. 하지만 무지한 CEO들은 책을 통해 그러한 것들을 얻지도 못 하고, 얻는다고 해도 절대로 삶과 경영에 그런 것들을 적용시키지 못 한다.

인생이 바뀌는 책읽기, 회사가 달라지는 책읽기는 바로 용기와 적용의 문제인 것이다. 유연한 사고를 하지 못 하는 사람은 책을 읽어도 하지 못 한다. 하지만 유연한 사고를 못 하는 사람이더라도 책을 제대로 읽으면서 사유를 거듭한다면 유연한 사고를 할 수 있게 되고, 그 다음의 문제가 적용과 용기의 문제가 된다.

인생이 바뀌는 책읽기를 하는 사람과 경영에 책의 지혜를 접목시킬 줄 아는 사람은 동일한 훌륭한 독자들이다. 용기와 실천의 문제를 거뜬하게 돌파해 내는 그런 용기있는 사람들인 것이다. 책을 읽고 얻은 지혜와 통찰을 절대로 가슴 속에 묻어두어서는 안 된다.
자신의 삶과 경영에 적용시키고 활용해야만 한다.

4장

독讀한 습관 4

최고들은 어떻게 책을 읽을까
_통찰력을 기르는 독서법

"나는 재산도 명예도 권력도 다 가졌으나, 생애 중 가장 행복했던 순간은 독서를 통하여 얻었다. 독서처럼 값싸고 영속적인 쾌락은 없다."

_몽테스키외

피그말리온이라는 서점에서 일하던 수줍음이 많던 16세 소년 알베르토 망구엘은 평생 책을 읽어온 대작가 보르헤스가 쉰여덟 번째 생일 이후에 실명을 하게 되자, 대신 책을 읽어주는 사람으로 발탁되었다.

실명조차도 책에 대한 열정을 꺾을 수는 없다. 보르헤스의 책에 대한 열정과 자세에 대해 어린 소년 망구엘은 큰 감명을 받았던 것이다. 망구엘은 훗날 보르헤스에 대한 책을 썼고, 그 책을 통해 이런 말을 한 적이 있다.

"보르헤스에게 현실의 정수는 책 속에 있었다. 책을 읽었고, 책을 쓰고, 책에 대해 이야기하는 것이 그 알맹이였다. 그는 수천 년 전에 시작돼서 한 번도 끝난 적이 없는 대화를 이어가고 있음을 본능적으로 인식했다." 〈알베르토 망구엘, 〔보르헤스

에게 가는 길]〉

　보르헤스는 책의 세계에 뛰어든 용감한 독자이자 작가이다. 그는 책 속에 뛰어들어 책과 평생을 함께 했다. 실명까지 되면서도 그 도전은 멈추지 않았다.

　우리는 책 속에 뛰어 들어야 한다. 절대 구경꾼이 되어서는 안 된다.

　일본에서 최고의 지식인으로 꼽히는 사람이 있었다. 명문대를 나와서 좋은 직장에 들어갔지만, 3년 만에 그 직장을 헌신짝 내팽개치듯 내팽개치고 나온다. 그 이유는 단 한 가지다.

　책 속에 뛰어들고 싶어서다. 구경꾼이 되기 싫어서다. 이 사람이 바로 다치바나 다카시다.
　그는 점점 산더미처럼 쌓인 책들을 읽어치우지 못 하게 되는 현실에 엄청난 고통을 느꼈다고 한다. 결국 그는 안정되고 좋은 직장보다 책을 선택했던 것이다. 구경꾼에서 행동하는 행동가가 되었고, 실천가가 되었던 것이다.

　책쓰기 코치였던 나탈리 골드버그는 오랫동안 학생들에게 가르쳐온 책쓰기 비법을 한 권의 책으로 써 낸 적이 있다. 그런데 그가 말하는 책쓰기의 비결 중의 하나는 뼛속까지 내려가서 쓰라는 것이다.

　필자는 책을 읽는 독자에게도 비슷한 주문을 하고 싶다. 책 속에 뛰어들어 읽으라고 말이다. 절대 구경꾼이 되어서는 안 된다. 말할 때는 오로지 말 속으로 들어가야 하고, 걸을 때는 걸음 그 자체가 되어야 하듯, 책을 읽을 때는 책 그 자체가 되고, 책 속으로 뛰어 들어가야 한다.

　책을 아무리 많이 읽어도 인생이 바뀌지 않는 사람들을 자주 만날 수 있다. 그런 사람들이 한두 명이 아니기 때문이다. 그런데 그런 사람들의 가장 큰 특징은 책과 인생이 따로 따로 라는 것이다.
　책을 아무리 읽어도 그 책의 지혜와 통찰, 깊은 사유와 성찰이 전혀 자신의 삶과 생활에 적용이 되기는커녕, 세상과 동떨어진 비현실적인 잘못된 독서만을 하는 사람들이 적지 않다.

　책을 읽을 때는 책 속에 완전하게 뛰어들어 책의 큰 세상에서 주인공이 되어야 하고, 책을 읽지 않고 일을 하거나 친구를 만나거나 집에 있을 때는 그 삶에 뛰어들어 주인공이 되어 맹활약을 해야 한다.
　그런데 책을 읽을 때도 주인공이 아니라 구경꾼에 불과한 사람들은 현실 속에서도 여전히 구경꾼이 되어 살아간다. 그런 사람들의 가장 큰 특징은 그 어떤 것에도 제대로 도전조차 해 보지 않았다는 것이다.

가장 불행한 것은 완전한 실패를 하는 것이 아니다. 오히려 눈부신 실패, 멋진 실패는 그 자체로 성장이고 발전이고 배움이다. 하지만 수많은 사람들이 그저 어제와 별반 다를 바 없는 삶을 살아가고 있는 이유는 실패를 너무 두려워하여, 안전지대에서 절대 벗어나지 않으려고 하기 때문이다.

책을 읽을 때도 이와 마찬가지다. 절대로 책 속에 뛰어들어 위험을 감수하고 모험을 하려고 하지 않는다. 시간적인 여유도 없고, 그렇게 까지 독서를 하려고 하지 않고, 그저 수박 겉핥기식 독서만을 하거나, 패스트 리딩의 노예가 되어, 빨리 책 한 권을 읽고 나서 '내가 이 책을 읽었다'라고 자랑하는 것에 급급한 것이다.

눈으로 책을 한 번 정독했다고 그 책을 읽었다고 말하는 것은 너무 성급하고 무책임한 말이다. 눈으로 한 번 책을 읽었다고 해서 그 책을 제대로 읽었다고 말할 수 없기 때문이다.

우리 선조들은 이런 병폐를 잘 알고 있었기 때문에 한 권의 책을 완전하게 소화시킬 때 까지 수백 번 혹은 수천 번도 더 반복해서 읽었던 것이다. 너무 쉽게 빨리 수박 겉핥기식 독서를 하는 것을 도능독이라고 경계하기도 했다.

독서를 얼마나 많이 했다고 말하는 외형 중시의 양적 사고를 버려야 한다. 독서를 하려면 제대로 해야 한다. 질과 두께, 깊이와 넓이의 독서를 해야 한다.

한 권을 읽더라도 제대로 읽어야 한다. 한 권을 읽더라도 제대로 읽으면, 그 한 권이 또 다른 책 수십 권을 읽게 해 주고, 그 제대로 읽은 책 수십 권은 또 다른 책 수백 권을 읽게 해 주는 것이다.

그렇게 되었을 때 5천 권의 책을, 1만 권의 책을 독파하게 되는 것이다. 그리고 그렇게 해야 독서가 자신의 생각을 바꾸고, 성장시키고, 변화시켜서, 결국 인생이 달라지게 되는 것이다.

하나도 변화와 성장이 일어나지 않는 독서는 이제 멈추어야 한다. 눈으로만 읽고, 가슴에는 하나의 전율도 감동도 배움도 없는 독서는 독서가 아니다. 그것은 책 감상일 뿐이다. 이제 책 감상은 멈추어야 한다.

진짜 독서는 우리가 책 속에 뛰어 들어 책을 통해 더 큰 세상을 경험하고, 더 큰 세계를 배우는 것이다. 그렇게 책 속에 용감하게 뛰어드는 법을 익힌 사람들은 현실 세계에서도 용감하게 주인공이 되는 법을 아는 사람이다. 절대 독서가 현실을 망각하게 하는 위험한 그 무엇이 아니다.

책을 읽을 때 마다 어제까지는 한 번도 발견하지 못 한 신세계를 발견하는 탐험가가 되어야 한다. 그 결과 책 읽기를 잠시 멈추어 직장과 학교에 갔을 때는 그곳에서 위대한 존재로 도약할 수 있게 되는 것이다.

그런 점에서 현실 세계는 책의 확장판일 수 있고, 책의 세계는

현실의 확장판일 수 있다. 장자의 꿈처럼 누가 나비고, 누가 인간
인지 우리는 알 수 없다.

그리고 그것은 중요하지 않다. 중요한 것은 우리의 삶을 좀 더
나은 것으로 드높이는 일이며, 우리가 어제보다 오늘 더 성장했다
는 것이며, 싱장하고 있다는 사실이다. 책을 읽지 않고서는 도무지
성장이라고는 찾아 볼 수 없다.

10년 전과 지금, 하나도 성장하지 않은 사람들을 필자는 가장 경
멸한다. 그것은 인생 최고의 낭비이기 때문이다. 그런 사람들은 돈
이나 헛된 것들을 하기 위해 하루하루를 낭비한 것이고, 하루하루
살아왔던 것이 아니라, 죽어가고 있는 것인지도 모른다.

책을 통해 자신을 하루하루 성장시킬 수 있는 사람이 되어야 한
다. 책이 아니라면 우리는 우리의 무지와 나태와 어리석음에 맞서
수십 번 싸워도 패하고 말 것이다. 우리로 하여금 유일하게 승리하
게 해 주고, 그로 인해 성장하게 해 주는 것은 책 뿐이다.

독서하는 습관은 우리를 이 험악한 세상에서 구원해 줄 구세주다. 독서는 본질적으로 인간만이 할 수 있는 고상한 행위이다. 독서를 통해 우리는 모든 억눌린 것들에서 해방될 수 있다.

우리가 뛰어넘지 못 하는 시간과 공간의 제약과 자기 자신의 한계와 지식의 얕은 범위마저도 책을 통해 한 순간에 극복해 낼 수 있다. 그런 점에서 책은 마법이며 도약이다.

'즐거운 독서는 운동만큼 건강에 유익하다.' 라고 칸트가 말했지만, 독서는 그 이상의 가치와 의미, 효용과 재미가 있다. 즐거운 독서는 책과 하나가 될 뿐만 아니라 더 큰 세상을 경험하고 배우고 살아낼 수 있게 해 준다.

하지만 모든 독자들이 그렇게 되는 것은 아니다. 오직 책과 하나가 될 수 있는 훌륭한 독자, 숙달된 독자만이 그러한 경지에 오를 수 있다. 그런 경지에 오른 독자들만이 책을 통해 더 큰 세상을 경험할 수 있게 된다.

그런 독자들은 책을 집어든 순간 순식간에 현실의 세계를 망각하는 마법을 부리고, 또 다른 책 속의 세계로 진격해 버린다. 그런 점에서 독서는 때로는 위험한 능력이기도 하다. 그래서 독서가 어설픈 독자들에게는 독이 되고, 훌륭한 독자들에게는 약이 되는 것이다.

독서는 너무나도 강력한 마법이다. 그래서 때로는 위험하기도 하다. 강력한 무기가 그런 것처럼 말이다.

책에 조언을 구하기 위해 우리는 책을 읽는 것이 아니다. 책 속에 보물을 마음껏 훔치기 위해서 책을 읽는 것이다. 책 속에서 우리는 진정한 스승을 만날 수 있다. 책 속에서는 우리는 진정한 친구를 만날 수 있다. 책과 하나가 되면 이 세상의 모든 책들이 우리의 스승이 되고, 친구가 된다. 그 놀라운 현상을 실제로 경험할 수 있는 독자들은 극소수다.

오직 읽기만 하는 독자들은 책이 그저 하나의 지식 덩어리이며 정보 덩어리에 불과하지만, 깊이 넓게 읽어낼 줄 아는 훌륭한 독자들은 읽기만 하는 것이 아니라 책과 하나가 되어 상상도 할 수 없는 큰 세상으로 나아간다.

훌륭한 독자이기도 하고, 작가이기도 한 장석주 시인은 이미 그러한 경지에 오른 인물이다. 이미 수만 권 이상의 책을 독파해낸 그는 더 이상 설명이 필요 없는 독서의 대가이다.

"나는 날마다 책 한 권 읽기를 실천하는 원칙을 따르려고 애쓴다. 책과 친해지고, 책을 잘 읽을 수 있는 나의 방법은 다음과 같다. 첫째, 먼저 책에 몰입한다. 몸과 마음을 이완하고 책에 흠뻑 빠져든다. 몰입을 통해서 마침내 책과 하나가 되면 마치 무릉도원에 든 듯 행복해진다. 둘째, 책 읽는 즐거움 그 자체를 소중하게 여긴다. 책 읽기에서 즐거움을 찾지 못한다면 지속하기 어렵다. 셋째, 책 사는 데 돈을 아끼지 않는다. 읽어야 할 책들을 꼼꼼하게 고르고 그것들을 사들인다. 책들을 고르는 과정에서 이미 책읽기는 시작한다. 넷째, 읽은 책들을 다 기억하려고 애쓰지 않는다. 읽은 것들을 다 기억할 수도 없을뿐더러 기억하는 것이 그렇게 중요한 것은 아니다. 기억은 상상력을 한정하지만, 망각은 무한상상력의 텃밭을 일구는 쟁기다. 그런 까닭에 망각은 풍요화로 나아가는 길이다." 〈장석주, 〔취서만필〕, 378~379쪽〉

그의 말에 100% 동감한다. 뜨거울 만치 그의 말은 내 가슴을 어루만진다. 나는 매일 책을 읽는 것을 원칙으로 삼는다. 한 권이 아니라 때로는 수십 권이 될 수도 있다. 얼마나 많은 양이 책을 읽었느냐는 하나도 중요하지 않다. 그저 매일 책 없이는 도무지 살아낼 수 없다는 사실만이 중요하다.

우리는 모두 책과 하나가 되어야 한다. 독자는 벌거벗은 채 거리를 활보하는 작가들의 공모자들이라고 샤를 단치는 말했지만, 사실 독자는 이것보다 더 심하다.

독자는 처음부터 작가와 하나인 셈이고, 책과 하나인 것이다. 부부가 하나이듯, 작가와 독자는 하나인 것이다. 하지만 많은 독자들이 그 사실을 깨닫지 못 하고 있을 뿐이다.

우리 삶에서 우리가 반드시 명심해야 하는 한 가지는 우리의 의무나 목적은 성공을 하는 것이 아니라 도전과 실패를 통해서 자신에게 최고의 존재를 찾아가고 발견해 나가고 성장해 나가는 것이라는 사실이다.

그리고 책 읽기의 최대의 목적은 우리가 우리 자신을 현실 세계에서는 도저히 만날 수 없는 더 크고 방대한 세계로 우리 자신을 이끌어 내는 것이다. 그래서 책이 아니라면 도저히 만날 수 없는 세계로 나아가서 더 큰 자신으로 성장시켜 나가는 것이다.

그렇게 하기 위해 선결 조건은 책과 하나가 되어야 한다는 것이다. 그저 책을 곁눈질로 읽어서는 안 되며, 커피숍에서 교양이나 갖추기 위해서 읽어서도 안 된다는 것이다. 책을 읽을 때는 책과 하나가 되어야 하고, 그렇게 하기 위해서는 온 정신과 몸과 뜻을 다 기울여야 한다는 것이다.

책이 우리에게 제공하는 가능성은 무한하다. 무궁무진한 책의 세계와 가능성을 단 한 번도 경험하지 못 한 독자는 독자가 아니다. 책의 참 맛을 못 느낀 독자는 독자로서도, 책을 통한 성장의 기회를 맛 볼 수 있는 배우는 자로서도 자격을 이미 상실한 자이다.

책은 무궁무진한 세계다. 그 세계를 제대로 경험하지 못 한다는 것은 아무리 눈으로 책을 읽었다고 해도 책을 읽었다고 감히 말해서는 안 된다. 책을 읽고 인생이 조금이라도 달라지지 않는다면 그것은 사기다. 그것은 자기기만이다.

책을 읽었다면 최소한 감동이 있거나, 전율을 만나거나, 눈이 더 크게 떠지거나 머릿결이 쭈뼛쭈뼛해져야 한다.

왜 그토록 밑바닥 독서만 하고 있는가? 독서는 우리를 고공비행할 수 있게 해 준다. 그런데 언제까지 밑바닥 독서만 하고 있을 것인가?

인간은 불완전한 존재이며, 자아다. 하지만 책 속의 자아와 개인의 자아를 함께 소유하고 있는 위대한 독자들은 완전한 존재로 성장하고 발전해 나가고 있는 존재들이다. 그렇기 때문에 그토록 많은 불완전한 인간들이 책을 통해 오롯이 위대한 인물로 성장이 가능했던 것이다.

책 속의 자아를 많이 만들고, 발견하고, 현실의 자아보다 더 큰 자아로 만들어 내는 자들이 위대한 독자들인 것이다.

책을 읽는다고 해서 모두가 리더가 되는 것은 절대 아니다. 하지만 왜 어떤 사람은 책을 읽고 리더가 되고, 또 어떤 사람은 리더가 되기는커녕 어제와 별반 다를 바 없는 인생을 조용한 절망을 하며 살아가고 있는 것일까?

그 차이를 가르는 것은 의식의 차이다. 그리고 의식의 차이는 결국 그 사람의 인생의 넓이와 높이를 결정짓는다. 그래서 아무리 책을 많이 읽었다고 해도 의식이 달라지지 않는 사람들은 인생이 별반 달라지지 않는 것이다.

책을 읽었다면 의식이 조금이라도 달라져야 한다.

의식이 달라지면 자신에 대한 기대와 기준과 목표가 달라지는 가장 큰 변화를 경험하게 된다. 기준과 목표가 달라진다는 것은 실로 작고 사소한 일이 아니다. 기준과 목표만 달라져도 인생이 완전하게 바뀔 수 있음을 우리는 알아야 한다.

현대 경영학의 창시자였던 피터 드러커는 이런 사실에 대해서 자신의 저서인 〔프로페셔널의 조건〕 이란 책을 통해 이렇게 명확하게 말한 적이 있다.

"우리는 자기계발이 무엇인지에 대해 별로 아는 것이 없다. 그러나 한 가지만은 알고 있다. 일반적으로 사람은 특히 지식근로자는 자신이 스스로가 설정한 기준에 따라 성장한다는 것이다. 사람은 스스로 성취하고 획득할 수 있다고 생각하는 바에 따라 성장한다. 만약 자신이 되고자 하는 기준을 낮게 잡으면, 그 사람은 더 이상 성장하지 못한다. 만약 자신이 되고자 하는 목표를 높게 잡으면, 그 사람은 위대한 존재로 성장할 것이다. 일반 사람이 하는 보통의 노력만으로도 말이다." 〈피터 드러커, 〔프로페셔널의 조건〕 중에서〉

그의 말은 매우 놀라운 사실을 우리로 하여금 깨닫게 해 준다. 두 사람이 똑같은 양의 노력을 해도 기준과 목표를 낮게 잡은 사람은 성장하지 않지만, 그것들을 높게 잡은 사람은 위대한 존재로 도약하게 된다는 것이다.

책을 읽고 의식이 달라져야 하는 이유가 바로 이것이다. 인간의 의식은 쉽게 바뀌거나 달라지지 않는다. 그래서 아무리 많은 인생을 경험을 했다고 해도 좀처럼 사람은 성장하거나 달라지지 않는 것이다. 유일하게 인간의 의식을 빨리 많이 바뀌게 해 줄 수 있는 최고의 도구는 책이며 독서인 것이다.

평범한 인생을 10년 사는 것보다 여행을 1년 하는 것이 훨씬 더 큰 의식 변화를 불러온다. 그리고 여행 10년 보다는 독서 1년이 훨씬 더 큰 의식 변화를 불러온다. 실제로 독서 3년을 통해 필자만큼 큰 의식의 변화와 성장을 경험한 사람도 찾아보기 힘들 것 같다.

우리나라는 위대한 나라다. 여기에 국민들이 책만 지금보다 열 배 정도 더 많이 읽게 되면 정말로 천하제일의 강대국이 될 것이라는 것이 필자의 확신이다.

그런데 정말로 책을 도무지 읽지 않는다. 책을 읽어야만 집단의식 도약이 가능하다. 책을 읽는 국민만이 희망이 있고 미래가 있기 때문이다.

우리 선조들은 정말 대단한 선조들이다. 5000년 동안 중국 근처에서 존재하면서, 중국에 잡아먹히지 않고 살아남은 유일한 민족이기 때문이다. 중국은 56개의 민족으로 구성된 나라다. 우리 선조들이 나약했다면 지금 우리는 중국인이 되었을 것이다.

하지만 우리는 우리 고유의 나라, 대한민국의 한국인이다.

이것만 해도 대단한 것이 아닌가? 여기에 우리나라는 최근 한강의 기적을 이룩한 위대한 나라다.

1960년을 기준으로 경제 성장 비율을 살펴보면 인도네시아, 아르헨티나가 9배, 필리핀이 21배 성장했다. 우리나라는 무려 수백배 이상 성장했다.

1960년 우리나라의 국내총생산 GDP는 20억 달러에 불과했고, 최빈국에 속했다. 하지만 50년 후인 2010년 우리나라 GDP는 10,943억 달러이다. 2014년은 14,495억 달러이다.

한 마디로 산업화와 민주화를 우리 부모님 세대들이 선진국도 수백 년 이상 걸린 것을 단 50년 만에 이룩해 놓았던 것이다. 이처럼 우리 선조들은 위대하다. 하지만 지금 우리들은 과연 우리 후손들에게 어떤 선조가 될 수 있을까?

지금 우리가 책을 통해 의식을 향상시키지 않는다면 우리 후손들에게 자랑스러운 선조가 될 수 없을 것이 분명하다. 우리 선조들은 최강의 인문학 국가를 추구했고 실천했다.

'아무리 유익한 책이라도 그 절반은 독자 자신이 만든다.' 라고 말한 볼테르처럼 책의 완성은 독자의 몫이다. 독자는 어떻게 책의 완성에 기여할 수 있을까? 바로 책을 읽고 사유함으로써 책을 완성시켜 나가는 것이다. 그런 점에서 책은 작가와 독자의 공동 작품이다.

그리고 그렇기 때문에 아무리 좋은 책이라도 독자가 인정해 주지 않고, 읽어주지 않는 책은 사라지게 되는 것이다. 좋은 책이라서 많이 읽히는 것이 아니다. 많이 읽히기 때문에 좋은 책인 것이다.

책이란 전적으로 독자의 사유와 생각에 내맡겨지는 존재다. 독자의 생각이 중요한 이유가 바로 이것이다. 훌륭한 독자일수록 책을 통해 지식이 아닌 사유를 길러 낸다. 책을 읽는 사람의 사유가 깊고 넓을수록 그 책은 훌륭한 책이다. 반대로 독자로 하여금 그 어떤 사유도 하지 못 하게 하는 책은 최악의 책이다.

남이 쓴 책을 읽는 데 우리가 많은 시간을 보내야 하는 이유는 남이 고생해서 터득하게 된 삶의 정수를 쉽게 자신의 것으로 만들 수 있기 때문이다. 삶의 지혜와 통찰은 지식과 다르다. 지식에 집중하지 않고 생각에 집중하면서 독서를 해야 하는 이유가 바로 이것이다.

하나의 책과 텍스트를 이해하고 수용하려고 해서는 안 된다. 책을 읽는다는 것과 글자를, 텍스트를 읽는다는 것은 전혀 다른 일이다. 책을 읽는다는 것은 텍스트에 새로운 의미를 부여하고 필요하면 창조해 낸다는 것을 의미한다.

그렇기 때문에 사유가 누락된 독서는 독서가 아니다. 독서는 타

인의 텍스트를 읽는 과정이 아니라 타인의 텍스트를 통해 자신의
텍스트를 만들어가는 과정이어야 한다. 그리고 그 과정의 핵심은
작가의 사유가 아니라 독자의 사유인 것이다.

이런 과정을 통해 누군가는 의식이 확장되고 달라진다. 의식이
달라지면 세상이 다르게 보이고, 전혀 다른 세상을 살아갈 수 있게
된다.

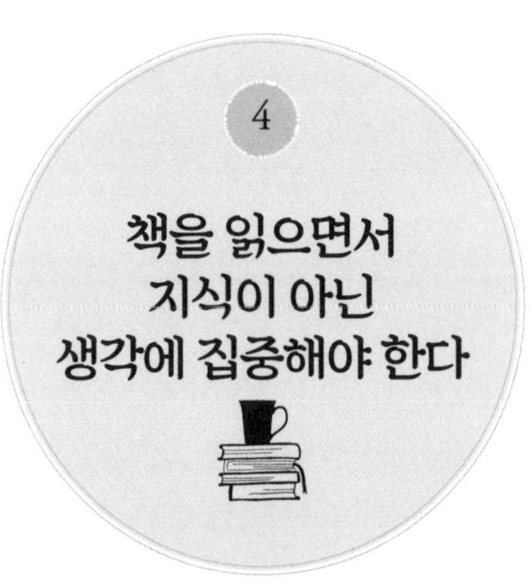

부끄러운 역사 중에 하나인 독일의 아우슈비츠 수용소는 죽음의 수용소이며, 인간의 존엄성이 말살되고, 도덕과 원칙과 기본이 사라진 지옥 중에 지옥이다. 그곳에 갇히게 된 유태인들의 평균 생존 기간은 3개월도 되지 않는다고 한다.

그런데 그 지옥의 장소와 환경 속에서도 살아남은 자와 살아남지 못 하고 죽음을 맞이하는 사람의 차이는 무엇일까?

강인한 정신력과 체력이 아닐까 라고 생각해 볼 수도 있다. 하지만 그것은 눈에 보이는 크지 않은 것이었다. 그것보다 더 근원적인 차이를 만드는 이유가 있었다.

그 지옥같은 곳에서 생존한 빅터 프랭클 박사의 〔죽음의 수용소에서〕라는 책과 동일하게 생존한 프리모 레비의 〔이것이 인간인

가] 라는 책들을 읽어 보면 공통적으로 제시해 주는 이야기가 있
다.

지옥과 같은 나치의 강제 수용소에서 생존하는 사람과 생존하지
못 하는 사람의 가장 큰 차이는 자신이 인간이라는 사실을 거부하
지 않고, 현실과 상황과 조건은 점점 더 짐승으로 전락해 갔음에도
불구하고, 존재의 의미와 이유를 거듭 생각하고 생각하며 인간임
을 포기하지 않은 생각과 작고 사소한 행동이다.

죽음의 수용소에서 이삼일을 보내게 되면, 가장 먼저 인간이 아
니라는 것을 스스로 인정하는 작고 사소한 행동들을 하게 된다. 가
장 대표적인 행동이 얼굴을 씻고, 옷을 빨고, 신발을 닦는 것이다.

많은 유대인들이 강제 수용소에서 절망을 잃고, 지옥과 같은 환
경에서 인간이 누려야 할 인간다운 삶을 사치라고 생각하고, 자신
과 어울리지 않는다고 생각한다는 것이다. 그래서 씻기를 거부한
다는 것이다.

내일 죽을지도 모를 수용소에서 씻는 것이 무슨 의미가 있느냐
고 하면서 하루하루를 주어진 환경대로 살아가는 사람들은 생존을
하지 못 했지만, 주어진 환경과 상황이 인간으로서 도저히 감당하
기 힘든 그런 지옥이더라도, 자신이 인간임을 스스로 포기하지 않
고, 씻기와 청결을 유지하기 위해 마실 한 컵의 물을 반으로 나누

어 나머지 반으로 얼굴을 씻고 면도를 한 사람들은 생존을 했던 것
이다.

살아남는 것! 그 자체는 별로 의미가 없다. 그 지옥같은 상황에
서도, 인간으로 대접받지 못 하고, 이가 득실득실한 누더기 옷을
입고, 조금만 다쳐도 가스실로 보내져야 하고, 이름이 아닌 의미
없는 번호로 불리고, 엄청난 추위와 굶주림과 고문을 매일 겪어야
하는 그런 곳에서도 쥐꼬리만큼 나오는 빵을 다른 사람에게 양보
하는 사람이 있었고, 그런 사람은 스스로 인간의 존엄을 지킨 사람
인 것이다.

"강제수용소에서 살았던 우리들은 막사 앞을 지나가던 죄수가
다른 사람들에게 위로의 말을 던진다든가, 그들에게 마지막 남
은 빵조각까지도 주고 가던 광경을 아직도 기억할 수 있을 것이
다. 그렇게 할 수 있는 사람은 소수에 불과할지 모르지만 그들은
한 가지 만족할만한 확증을 제시하고 있다. 즉, 한 인간에게서
모든 것을 빼앗아갈 수 있어도 단 한 가지, 주어진 어떠한 환경
에 놓이더라도 자기의 태도를 선택하고 자기 자신의 길을 선택
할 수 있는 마지막 남은 자유만은 빼앗아 갈 수가 없다는 사실이
다." 〈빅터 프랭클, [죽음의 수용소에서], 청아출판사, 112쪽〉

이런 사람들은 자신의 삶에서 의미와 이유를 찾아내려고 하는
노력을 멈추지 않은 사람들이며, 스스로 인간이기를 절대 포기하

지 않은 사람들인 것이다.

바로 이것이 인간을 강하게 만들고 위대하게 만드는 것이 아닐까?

나치의 죽음의 수용소는 한 마디로 인간을 동물로 격하시키는 거대한 시스템이며 장치인 것이다. 그렇지만 그러한 거대한 장치 속에서도 절대로 동물로 자신을 격하시키지 않으려고 끝까지 자신의 생각을 버리지 않은 사람들은 위대한 인간이며 존재인 것이다.

우리가 이렇게 인간으로 살아가기 위해서 가장 필요한 것이 바로 독서인 것이다. 독서를 통해 우리는 스스로를 더욱 더 인간답게 만들 수 있는 것이다.

작고 사소한 행동이라도 그것들은 모두 생각에서 나온다. 우리가 어떤 생각을 하느냐에 따라 우리의 삶이 달라질 수 있는 이유는 바로 이것이다. 생각이 달라지면 우리의 사소한 행동들이 달라지고 그러한 사소한 행동들이 궁극에는 큰 변화의 마중물이 되어 주는 것이다.

작고 사소한 생각과 행동이 결코 작은 영향을 끼치는 것이 아니며, 결코 작고 사소한 것이 아니라는 것이다. 독서를 통해 우리가 어제까지 가졌던 우리의 생각들이 조금씩 변하고 달라지고 확장된다는 것은 엄청나게 중요한 사실이다.

절대로 이러한 것들을 사소하게 생각해서는 안 된다.

특히 인간만이 할 수 있는 것들, 책, 독서, 영화, 예술, 미술, 음악, 건축, 창조 등을 절대로 가볍게 생각해서는 안 된다. 그것들이 돈이 되지 않는다고 해도 그것들은 인간만이 할 수 있는 것이기에, 그 자체만으로도 가치와 의미가 있는 것이다.

죽음의 수용소에 의미의 중요성을 발견한 빅터 프랭클 박사가 있었지만, 반대로 그 경험이 상처와 아픔이 되어 더 나은 것으로 승화시키지 못 한 채 비극적인 삶을 선택한 이들도 적지 않다는 것을 우리는 알아야 한다.

독서란 죽음의 수용소를 경험하는 것과 다를 바 없다. 우리가 경험하지 못 한 세상을 더 크게, 더 깊게, 더 넓게 경험하는 것이 바로 독서인 것이다. 우리가 앉은 도서관 그 자리에서 수천 년을 뛰어넘어 고대의 현인들을 만나 볼 수 있는 것이 바로 독서이며, 우리가 앉은 그 자리에서 동양과 서양을 동시에 건너다니면서 삶과 죽음에 대해서 이야기를 나눌 수 있는 것이 바로 독서인 것이다.

똑같은 책을 읽어도 아무것도 얻지 못 하는 사람들은 이런 이야기를 절대로 이해할 수 없을 것이다. 독서란 모름지기 시대와 장소를 뛰어넘어야 하는 것이다. 그리고 그렇게 하기 위해서 가장 필요한 독서 습관은 책을 읽는다면 반드시 생각을 멈추지 않아야 한다는 것이다.

생각이 없는 독서는 영혼이 없는 육체와 같은 것이다.

책을 읽으면서 지식과 정보에 집중하기 보다는 지혜와 통찰에 집중해야 한다. 그리고 그렇게 할 때 우리는 우리가 살아가야 할 이유를 발견할 수 있게 된다. 누군가가 다 차려놓은 밥상을 먹는 것이 아니라 인생은 스스로 자신이 먹어야 할 밥상을 차려야 한다. 그렇게 하기 위해서 가장 필요한 것은 깊은 사유 중심의 독서인 것이다.

명심하자. 독서를 했다면 반드시 사유를 병행해야 한다. 사유를 병행한 독서만이 우리가 무엇이며, 인생을 왜 살아야 하며, 우리의 존재 이유가 무엇인지를 깨닫게 해 준다. 그것을 찾아 가는 것이 바로 독서이다.

빅터 프랭클 박사는 죽음의 수용소라는 지옥의 경험을 통해 우리에게 큰 지혜와 통찰을 건네 준 고마운 인물이다. 그가 우리에게 제시하는 가장 중요한 메시지를 살펴보자.

"모든 개인을 구별하고 개인의 실존에 의미를 부여할 수 있는 특이성과 유일성은 인간에게 베푸는 사랑 못지않게 창조적인 작용을 나타내고 있다. 다른 사람이 자기를 대신 할 수 없다는 것을 깨닫게 되면, 자신의 존재에 대한 책임과 계속 살아 남아야 할 책임이 중요한 문제로 등장하게 된다. 한 사람이 그를 지

극한 애정으로 기다리고 있는 인간에게나 완성되지 않은 작업
에 대해 지고 있는 책임감을 의식하게 된다면 그는 결코 자기의
삶을 내던질 수 없게 될 것이다. 그는 그가 실존해야 할 '이유'
를 알고 있으며, 어떠한 곤경에도 참고 견딜 수 있는 능력을 갖
추게 될 것이다."　　　〈빅터 프랭클, 〔죽음의 수용소에서〕, 청아
출판사, 134쪽〉

책만 읽고 생각하지 않는다면, 지식과 정보에만 집중한다면 우
리는 우리가 왜 살아야 하고, 존재의 이유와 목적이 무엇인지를 모
른 채 숨 가쁘게 하루하루 살게 될 것이다. 그 결과 지금처럼 경쟁
사회, 억압사회, 착취사회를 스스로 만들어 내는 허망한 사회를 양
산하게 되는 것이다.

똑같은 지옥 같은 상황에서 누군가는 돼지처럼 행동하지만, 누
군가는 성자처럼 행동한다고 한다. 그리고 그것을 가르는 차이는
한 마디로 우리의 생각이며, 우리의 선택이라고 할 수 있다.

가장 중요한 것은 우리의 생각이며 선택이다. 우리의 생각과 선
택이 결국 우리가 어떤 사람인지, 우리가 인생을 어떻게 살아낼 것
인지를 가르는 가장 중요한 기준이 된다. 그렇다면 우리는 어떻게
우리의 생각과 선택을 단련할 것인가? 바로 독서인 것이다.

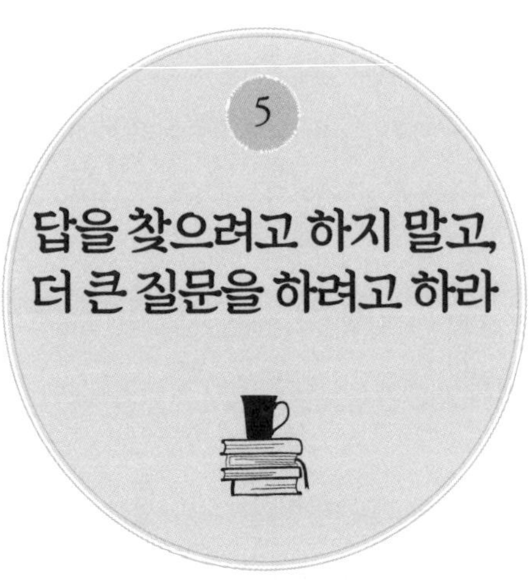

답을 찾으려고 하지 말고,
더 큰 질문을 하려고 하라

내면의 삶이 결핍될수록 우리의 삶에는 여유가 없어진다. 여유가 없어진 삶은 스스로를 광포한 속도에 내맡기게 된다. 그렇게 되면 삶의 기쁨과 인생의 의미를 놓치게 되고, 온전하게 삶을 끌어안고 삶을 누리지 못 하고 수박겉핥기 식의 인생을 살게 된다.

독서를 통해 정답을 찾으려고 하는 것은 바로 이런 것이다. 그저 내면의 결핍 따위는, 삶의 여유와 의미 따위는, 온전하게 삶을 끌어안고 살아내는 것 따위는 안중에도 없고, 그저 등 떠밀려서 경쟁하고, 성취하고, 착취하고 여유도 없이 살아가는 것이다.

현대인들의 가장 큰 문제는 속도 중독이며, 시간 기근이다.

현대인들은 과거 그 어떤 시대의 인간들보다 속도에 중독되어 있다. 더 빠른 스마트폰이 나오면 나올수록 더 빠른 속도에 열광한다. 거의 중독 수준이다. 그렇게 빨리 빨리를 외치면서 무엇이든지 빨리 해 대는 현대인들은 가장 시간이 부족한 인류가 되었다.

평균 수명은 80세에서 100세 시대를 살고 있지만, 정작 자신을 위해 삶의 여유와 기쁨을 누릴 수 있는 시간은 단 1분도 없는 듯하다.

우리가 이러한 불균형의 시대를 살게 된 것은 산업화 시대 때문이다. 산업화 시대에는 그저 남들보다 더 많이 일하면 더 많이 벌 수 있게 되기 때문이다. 그래서 우리는 단순하게 남들보다 더 많이 일하는 전략을 무의식중에 선택하게 되었던 것이다.

가진 것이 없던 우리에게는 그 선택만이 현명한 선택인 듯 보였던 것이다. 하지만 그것은 현명한 선택이 아니라 매우 우둔한 선택이었다는 것을 서서히 깨닫게 되었다.

이혼율이 세계 최고이고, 자살률이 세계 최고이고, 부정부패가 심각한 사회가 바로 한국 사회이다. 청렴결백한 총리를 도무지 발견할 수 없는 그런 사회에 무슨 희망과 미래가 있을까?

위대한 링컨 대통령은 이런 말을 한 적이 있다.

"먼저 우리가 어디에 있는지, 어디로 가고 있는지를 안다면, 무엇을 할지, 그것을 어떻게 할지도 더욱 정확히 알 수 있다."

그렇다. 먼저 우리는 우리가 어디에 있고, 어디로 가고 있는 지를 알아야 한다. 정답을 찾기 위해서 우리는 먼저 문제를 봐야 한다. 그런데 많은 사람들이 문제를 찾으려고 하지 않고, 그저 정답만 찾으려고 한다.

문제는 바로 우리가 어디에 있고, 어디로 가고 있는지를 아는 것이다. 그리고 그것을 제대로 할 수 있는 유일한 것은 과거와 현재를 제대로 보는 것이다. 과거는 책 속에 있다. 그리고 현재도 책 속에서 찾아야 한다.

이 시대에 출간되는 책을 통해 현재 우리의 모습을 관찰해야 하고 살펴봐야 한다. 신문이나 뉴스, 인터넷은 너무 얕은 지식과 정보, 신뢰할 수 없는 이해관계가 얽히고설킨 것이 많다.

책도 그런 것에서 완전하게 벗어난 것이라고 할 수 없지만, 그래도 책이 가장 신뢰할 수 있고, 가장 공정하다고 할 수 있다. 하지만 한 권의 책을 100% 신뢰하라고 말하는 것은 절대 아니다.

반대되는 의견을 주장하고, 반대 철학과 사상을 가진 이들의 책을 폭 넓게 읽는 것은 선택이 아니라 올바른 독자들이, 훌륭한 독자들이라면 반드시 선택해야 하는 필수 과정이다.

우리가 책을 읽을 때 해답을 찾으려고 하는 것은 마치 피리 부는 사람 앞에서 뱀처럼 그 소리에 맞추어 움직이는 것과 다를 바 없는 것이다. 하지만 질문을 던지려고 하는 몸부림은 그 소리에 저항하여, 주체적인 자신의 선택과 행동을 한다는 것을 의미한다.

질문을 던지기 위해서는 깊은 사색 중심의 독서를 해야만 한다. 우리가 얕은 지식 중심의 독서만 하고 있다면 절대 인생은 달라지지 않는다.

책을 읽지 않는다면 결국 모든 것은 소멸될 것이다. 더 이상 책을 읽지 않는다면 그 사회의 미래는 없다. 책을 읽고 답만 찾기에 급급한 독자들은 독자가 아니라 원숭이다.

원숭이는 항상 누군가를 뒤쫓아 가고 흉내 내기에만 급급하다. 우리는 원숭이가 되기 위해 책을 읽는 것이 아니라, 스스로 자신의 삶에 주인으로 살아갈 수 있는 의식이 있는 인간이 되기 위해 책을 읽는다.

그렇기 때문에 우리는 책을 통해 항상 정답이 아닌 더 나은 질문을 하려고 해야 한다. 올바른 질문을 할 때 우리의 생각은 더 넓어지고, 더 깊어진다.

왜 질문을 해야 하는가? 질문을 하게 되면, 책을 통해 우리의 사유의 경계를 확장할 수 있고 자신의 좁은 편견을 없앨 수 있고, 이해의 폭과 깊이를 넓히고 깊게 할 수 있기 때문이다.

즉, 책을 읽는다는 것은 지식과 의식의 경계를 확장한다는 것이다. 그리고 자신의 울타리 안에 갇혀 편견 속에서 살던 자기 자신을 구출한다는 것이다. 그렇게 구출된 자아만이 세상과 자신을 제대로 바라볼 수 있게 되는 것이다.

책을 읽기만 하고, 그 안에 담긴 지식과 정보를 수용하고 이해만 하려고 하는 사람들은 소화시키지도 않고 먹어 대기만 하는 사람들, 먹기 대회에 나가서 맛을 제대로 음미하지도 않고 허겁지겁 먹어대는 대회 참가자들과 하나도 다를 바 없다.

답만 찾으려고 하는 독서는 먹기 대회에 나가서 많은 양의 음식을 순식간에 먹어 치우는 것과 하나도 다를 바 없다. 그렇게 하지 말고 제대로 소화시켜서 피와 살이 되게 해야 한다. 그렇다. 그렇게 하기 위해서는 더 많은 질문을 해야 한다.

5장

독讀한 습관 5

삼성 CEO들이 직장인들에게 추천하는 내 인생을 바꾼 책!

"쟁기와 칼은 손의 확장이다. 망원경은 눈의 확장이다. 그러나 책은 그 이상이다. 책은 기억의 확장이다."

_호르헤 루이스 보르헤스

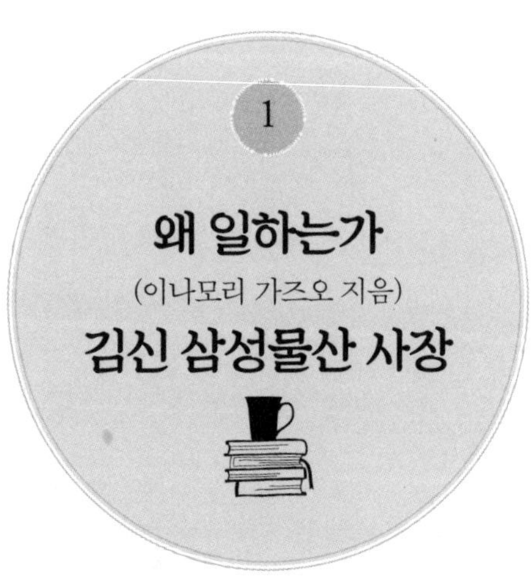

일본인들이 가장 존경하는 기업가가 있다. 이 사람은 일본에서 '경영의 신'이라 불린다. 이 사람은 바로 교세라 그룹 명예 회장인 이나모리 가즈오 이다. 그는 이 책을 쓴 집필 의도로 다음과 같이 말한 적이 있다.

"나는 그들에게 '세상에 태어나 한 번뿐인 삶인데, 지금까지 정말 가치 있는 삶을 살아왔는가?' 라고 되묻고 싶다. 나아가 그들에게 내가 깨달은 '일하는 이유'와 '일하는 방법'을 가르쳐주고 싶다. 왜 일해야 하는지, 그리고 일을 통해 무엇을 깨달을 수 있는지 알려주고, 열심히 일함으로써 앞으로 어떻게 될지 알려주고 싶다." 〈이나모리 가즈오, 〔왜 일하는가〕, 8쪽〉

그는 우리에게 일하는 이유와 방법에 대해 가르쳐 주고 싶어서

이 책을 썼다고 말한다. 우리는 이 책을 통해 일하는 이유를 명확히 깨달아야 한다. 뿐만 아니라 우리는 그에게서 우리가 일을 통해 가치 있는 삶을 살아가는 방법에 대해서도 고민을 함께 해 볼 수 있을 것이다.

이 책의 저자는 먼저 우리가 살아가는 인생길은 수많은 시련과 역경, 고통으로 가득 차 있지만, 그러한 시련과 불행을 이겨내고 삶을 행복하게 바꿔주는 놀라운 힘은 일에 몰두하는 데 있다고 말한다.

자신의 삶을 돌이켜볼 때 일을 한다는 것은 모든 고통을 이겨내는 만병통치약이며, 고난을 이겨내고, 인생을 새롭게 바꿔주는 마이더스의 손이라는 것이다.

이 책의 저자인 이나모리 가즈오는 처음부터 성공적인 삶을 살았던 것은 아니다. 오히려 인생의 초반에는 실패와 불행이 더 많은 낙오자였다.

그가 젊었을 때 그는 누구보다 더 많은 좌절과 불행을 경험했던 인물이다. 중학교 입학시험에서도 떨어졌고, 결핵을 심하게 앓으면서 수업을 듣지 못 한 날이 많았기 때문이기도 하다. 전쟁 때문에 집까지 불타 버리기도 했다. 대학 진학과 취직도 마음대로 되지 않았다.

원했던 대학, 학과가 아닌 어쩔 수 없는 지방의 작은 대학에, 원하지 않던 학과에 다니게 되었고, 그 결과 수업에 몰두할 수 없었다. 취업도 잘 되지 않아서 대기업 어디에서도 그를 받아주지 않았다. 결국 월급도 제때 나오지 않는 회사에 다니게 되었고, 스스로를 원망하면서, 모든 게 불만스러웠던 젊은 시절을 보냈다.

그렇게 불만스럽고 원망스러운 하루하루를 보내면서 자기 자신이 한 없이 초라해지는 것을 경험하며 많은 좌절과 시련을 경험했던 가즈오는 어느 날 한 가지 사실을 깨닫게 되었다고 한다. 그 깨달음을 삶에 적용하며 실천하자, 벅찬 희망으로 가득 찼고, 그 변화를 온 몸으로 체험하게 되었다고 한다. 그가 깨달은 한 가지 깨달음은 바로 이것이다.

"지금 하고 있는 일을 즐기자."

이 책의 저자의 젊은 날의 모습은 바로 우리 자신들의 모습인지도 모른다. 자기 자신이 왜 일하는지도 명확하게 알지 못 한 채 일에 끌려 다니는 이들이 적지 않기 때문이다. 마음에 내키지 않는 일을 어쩔 수 없이 해야 하는 자신을 비하하고, 원망하고, 그 때문에 상처받고 좌절하게 되기도 한다.

하지만 이 책의 저자는 지금 하고 있는 일에 더 적극적으로 가능한 무아지경에 이를 때 까지 부딪쳐보라고 조언해 준다. 그렇게 하면 미래의 문이 열리게 된다고 말이다.

"지금 하고 있는 일에 더 적극적으로, 가능한 무아지경에 이를 때까지 부딪쳐보라. 그러면 분명 스스로를 그토록 옭아맨 무거운 짐들을 훌훌 털어낼 수 있을 뿐 아니라 상상하지 못한 미래의 문이 열릴 것이다. 이것은 결코 허튼소리가 아니다. 그것은 내가 직접 경험했고, 영세기업이었던 교세라를 지금의 세계적인 그룹으로 키운 비결이다." 〈이나모리 가즈오, 〔왜 일하는가〕, 12쪽〉

지금 우리가 하고 있는 일을 무아지경에 이를 때까지 적극적으로 온 힘과 정성과 뜻을 다해 한다면 과연 무엇이 좋을까? 회사는 크게 성장할 수 있다고 하자. 개인적으로는 무엇이 좋을까?

단순히 개인적으로 먹고 살기 위해 일을 하는 수준을 뛰어넘어, 최선과 전심전력을 다한 일은 그 자체로 훌륭한 변화와 성장의 토대가 되어 준다고 이 책의 저자는 말한다. 그래서 이 책의 저자는 자신의 내면을 키우기 위해 일을 한다고 말하는 것이다.

"나는 내면을 키우기 위해 일한다고 생각한다. 내면을 키우는 것은 오랜 시간 엄격한 수행에 전념해도 이루기 힘들지만, 일에는 그것을 가능하게 하는 엄청난 힘이 숨어 있다. 매일 열심히 일하는 것은 내면을 단련하고 인격을 수양하는, 놀라운 작용을 한다." 〈이나모리 가즈오, 〔왜 일하는가〕, 15~16쪽〉

그렇다. 우리가 하고 있는 일은 단순한 생계 수단이 아니다. 그 단순한 생계 수단이라고 생각하는 그것을 통해 어떤 이들은 스스로를 단련하고, 마음을 갈고 닦으며, 삶의 가치를 발견하기도 한다. 그런 사람 중의 한 명이 바로 이 책의 저자였던 것이다.

명심하자. 도대체 무엇을 위해 하루하루 일을 멈추지 않고 평생 해 나가는 것일까? 그것은 바로 우리가 일을 하는 것은 결국 일이 우리들에게 성장과 발전, 단련과 마음 수양, 삶의 가치 발견을 위한 가장 중요한 행위이기 때문이다.

일은 단순히 노동이 아니라, 그 일을 하는 사람의 내적 완성을 위한 과정을 제공해 준다는 것이다. 그래서 하루하루 열심히 성실하게 일하는 사람들 중에 악인은 없다. 반대로 하루하루 일을 성실하게 하지 않고, 나태하고 게으른 사람들 중에 악인이 많은 것이다.

남태평양에 위치한 뉴브리튼 섬에 사는 원주민들을 통해 이 책의 저자는 잘 산다는 것은 결국 일을 열심히 하는 것이라는 진리를 깨닫게 되었다. 이 부족에게 일은 마음을 수양하고 인격을 키우는 가장 중요한 수단이다.

이 책의 저자는 일이 사람을 단련하고 만든다고 말하기 까지 한다. 우리가 위인이라고 부르는 사람, 성공을 해서 많은 부와 명예를 획득한 사람들은 모두 엄청난 집중력으로 자신의 일에 몰두했던 사람들이라고 말한다.

이나모리 가즈오는 자신의 젊은 날 소중한 경험을 이야기하면서 열심히 일을 하는 사람에게는 행운의 여신도 환한 미소를 짓는다는 평범한 진리를 말해준다. 경영 상태가 악화되어 가는 회사에 입사한 동기들은 다 떠나고 혼자 마지막까지 남게 된 저자는 회사와 자신의 형편에 대해 불만만 토로하고, 하루하루 보내던 생활을 깨끗이 버리고, 자신의 일에 무한 열정을 쏟기 시작했다.

20대 초반의 젊은이가 형편없는 회사에서, 초라한 실험실에서 혼자 연구에 몰두한다는 것은 쉬운 일이 아니었다. 하지만 그는 자신을 괴롭혀 왔던 '회사를 그만두고 싶다.', '내 앞날은 어떻게 될까?' 라는 의구심과 방황을 일단 멈추고 일에 몰두하자, 놀라운 일들이 생겼다고 말한다.

일에 몰두하면 할수록 놀라운 실험 결과를 얻을 수 있었고, 주변 사람들의 평가도 날이 갈수록 좋아졌다.

신이 도와주고 싶을 정도로 열심히 일에 전념하자, 아무리 힘들고 고통스럽고 어려운 일일지라도 신이 도와주어, 성공할 수 있게 된다는 것이 그의 첫 성공 스토리가 우리에게 주는 중요한 교훈과 다름없다.

추운 겨울을 보낸 봄 나무들이 더 아름다운 꽃을 피우는 법이다.

시련과 고난을 경험하지 않고 크게 성장하는 사람과 기업은 없다. 이나모리 가즈오도 역시 가장 힘들었던 시기에 가장 중요한 교훈을 배운 것이다.

이나모리 가즈오가 미래가 없는 적자투성이 회사에 울며 겨자먹기식으로 입사해 동기들은 다 떠나고, 혼자만 남았을 때 주변 사람들은 그를 걱정했고, 동정했고, 어떤 이들은 야유 섞인 말로 그를 폄하했다.

"대학 성적도 괜찮고, 공부도 잘했는데 어쩌다 저런 회사에서 벗어나지 못하는지, 쯧쯧"

"자네는 정말 복도 지지리 없어. 앞날이 걱정되네."

동기들은 다 편하고 안정된 길을 가기 위해 회사를 그만 두었지만, 그는 그가 겪은 시련과 불행한 환경을 통해 일에 전념하는 법을 터득하게 되었다고 말한다.

"역경에 부딪쳤을 때, 자기가 처한 상황을 긍정적으로 받아들이고, 어떤 순간에도 노력을 멈추지 마라. 절대로 주저앉지 마라. 그러면 반드시 신은 보답한다. 내가 그랬듯이." 〈이나모리 가즈오, 〔왜 일하는가〕, 34쪽〉

이 책의 저자는 우리들에게 물질적으로 쉽게 풍요롭게 되는 것은 정신적으로 나태하게 되는 부작용을 낳게 된다고 말한다. 특히 복권에 당첨되어 평생 일하지 않고도 살 수 있게 될 정도로 큰돈을 가지게 되면, 세상에서 가장 행복한 사람이 된 것 같이 느끼게 된다. 하지만 그러한 행복은 절대 길게 가지 못 할 뿐만 아니라 진정한 행복을 가져다주지 못 한다는 사실을 강조한다.

아무런 목표도 없이 일도 하지 않고 나태하게 생활하다 보면 가장 먼저 인격적으로 타락하게 되고, 자신이 가진 능력마저 썩혀 버리게 된다. 이것은 자기 자신만의 개인의 문제가 아니라, 인간관계에도 나쁜 영향을 미치고, 사회적으로 제대로 기능할 수 없는 사람이 되고, 그 어떤 존재감도 세상에 보여주지 못 하는 사람이 된다.

열심히 일을 하는 사람만이 느낄 수 있는 최고의 즐거움과 기쁨은 그 어떤 것으로도 대체할 수 없다. 일하는 수고로움을 아는 사람만이 잠시 동안의 안락함이 얼마나 소중한 것인지 깨닫게 된다. 인생을 보다 즐겁게 귀중하게 알차게 살아낼 수 있는 유일한 길은 열심히 일하고 그 노력만큼 보상을 받는 것이다.

자신의 일에 전념하고 최선을 다하는 것은 단순한 생계를 위한 일만이 아니다. 그것은 결국에는 자신을 단련하고 수양하는 것이고, 인격을 닦는 수행이 되는 것이고, 인생을 보다 깊고 넓게 성찰할 수 있게 도움을 주는 것이다.

이 책의 저자는 일을 열심히 최선을 다했음에도 안 좋은 상황이 터졌을 때, 자신의 노력이나 잘못을 찾아서 스스로를 더욱 더 성찰하게 된다고 말한다. 그렇기 때문에 일을 열심히 해서 성과가 좋을 때도 있지만, 그렇지 않을 때는 더욱 더 자신을 스스로 성찰하고 반성하는 계기로 삼아, 더욱 더 성장해나가는 자신을 발견하고 만들어 낼 수 있음을 잊지 않고 말한다.

20대 초반, 특별할 것이 없었던 저자는 특출한 재능을 타고난 것도 아니었다. 집안이 부유하지도 않았고, 남에게 내세울 스펙도 없었다. 남다른 인내심이나 의지도 없었던 저자는 어떻게 50년 동안 한 가지 일에 매달리며, 그 긴 세월을 꾸준하게 일 해올 수 있었을까?

그것은 저자가 자신이 하는 일을 좋아하도록 자신의 마음가짐을 바꾸고 다스렸기 때문에 가능했다. 그렇게 하기 위해서 누군가 지시하는 대로만 끌려 다니지 말고, 자신이 리더라는 자세로 일에 임해야 한다고 말한다.

이 책의 저자는 입사하자마자, 자신의 전공과 다른 분야의 일을 하게 되었고, 설상가상으로 지원 인력이나 자원도 없이 신제품을 만들어 내라는 터무니없는 지시를 받았던 것이다.

그럼에도 그는 좌절하거나 원망하지 않고, 스스로를 채찍질하면서 일에 대해 열정을 가지게 되자, 일을 사랑하게 되었고, 그러한 변화는 결국 벅찬 자부심으로, 긍지로 바뀌면서 남모를 사명감까지 느끼게 되었다고 한다.

그렇다. 천직이란 마음가짐에서부터 시작하는 것이다. 그래서 이 책의 저자는 많은 사람들이 '내가 좋아하지도 않는 일'을 하고 있다며 스스로를 비하하고 불만을 느끼는 것에 대해 경계한다.

좋아하지 않는 일을 하게 되면, 처음에는 낯설고 서툴다. 시행착오도 많고, 겁도 나기도 할 것이다. 심지어 일이 너무 힘들고 따분할 수도 있다. 하지만 자신에게 주어진 일을 천직이라고 생각하고, 즐겁게 일하라고 조언해 준다.

그렇게 마음을 바꾸고 일에 임할 때, 비로소 그 전에는 알지 못했던 천직을 발견하게 되고, 새로운 자신을 발견할 수 있게 된다고 말한다.

자신의 일에 애정을 쏟지 않는다면 그것은 자신의 일이 아니라 남의 일을 대신 해 주는 것에 불과하다. 무슨 일을 하더라도 그 일에 흠뻑 빠져서, 그 일에 미칠 수 있을 때 그 일이 온전히 자신의 일이 되고, 자신의 천직이 되는 것이다.

성공하고 싶다면, 자신이 맡은 일을 이루고 싶다면 자신이 가지고 있는 모든 에너지를 그 일에 쏟아 부어야 한다. 스스로 자신을 불태우지 않는다면, 결코 그 일을 이룰 수도, 앞서지도 못 한다.

이 책의 저자는 간절함에 대해서도 매우 강렬하게 주장한다. 만약에 당신에게 간절함이 없다면 절대로 꿈도 꾸지 말라고 말한다. 간절히 바라면 반드시 이루어진다. 어떻게 해서라도 이렇게 되고 싶다고 간절하게 바라면 그 생각은 반드시 그 사람의 행동으로 나타나고, 그 행동은 성과를 동반하게 된다. 하지만 그 어떤 간절함도 없이 '그저 한 번 해 보고 안 되면 말지' 하고 생각하며 사는 사람은 절대로 그 어떤 작은 것도 이룰 수 없는 것이다.

'반드시 이렇게 할 것이다', '반드시 이렇게 될 것이다.' 라는 굳은 의지와 신념이 결국은 우리를 거인으로 성장시키고, 큰일을 해낼 수 있게 만든다는 사실을 명심해야 한다.

이 책의 저자가 우리에게 당부하는 내용 중에 하나가 바로 '간절하지 않으면 꿈꾸지 마라.'는 것이다. 먹고 자는 것도 잊을 정도로 일에 몰두하고 간절하게 바라면서 일에 혼신을 다하고 모든 에너지를 쏟고, 모든 열정과 애정을 쏟는 일이 있다면 그 사람은 정말 행복한 사람일 것이다.

이 책의 저자는 부품을 개발하면서 항상 '잘 되게 해 주세요' 라고 신께 기도드린다고 한다. '신께 기도드리는 것'은 우리 자신의 모든 혼신을 다해 일을 하게 해 주고, 그 어떤 불가능한 일이라도 될 수 있을 것이라는 신념을 가지게 해 주기 때문에 평범함에서 벗어나 위대해질 수 있는 1퍼센트의 길이라는 것이다.

이 책의 저자가 우리들에게 알려 주는 조언 중의 하나는 작고 사소한 것들에 대한 힘이다. 우리가 허투루 쓰는 하루나 1초를 절대로 가볍게 생각하지 말고, 지속적으로 노력하고 또 노력하라는 것이 그의 조언이다.

"일생은 모든 순간순간이 쌓여야만 이루어진다. 지금 이 순간의 1초, 1초가 모여 하루가 되고, 그 하루하루가 쌓여 1주일, 1개월, 1년 그리고 일생이 된다. 제아무리 위대한 업적도 사소한 것들을 착실하게 쌓는 데에서부터 출발한다." 〈이나모리 가즈오, 〔왜 일하는가〕, 113쪽〉

천재로 불리는 사람들, 위인이라고 불리는 사람들은 모두 1분 1초를 허투루 사용하지 않은 사람들이다. 자신의 일에 그 누구보다 더 매진하고 하루도 낭비하지 않고 매일 매일 자신의 길을 걸어갔던 사람들이다. 그들을 위대하게 만든 것은 그들의 재능이 아니라 자세였던 것이다.

"천재들을 만든 것은 그들의 재능이 아니라, 그들의 자세였다."

이 책의 저자는 5년, 10년 앞을 내다보기보다는 오늘 하루를 5년, 10년처럼 경영한다고 한다. 즉, 내실 있는 오늘을 꾸준히 이어나간다는 것이다. 이것이 교세라의 경영 철학 중 하나이기도 하다. 교세라는 창업 후부터 지금까지 장기 경영 계획을 단 한 번도 세우지 않고 있다고 한다.

이 책의 저자는 자기 자신의 능력에서 할 수 있는 일과 없는 일을 결정해 버리지 말라고 조언해 준다. 그렇게 자신의 한계를 결정해 버리면, 결코 새로운 일에 도전하거나 더 높은 목표에 다다를 수 없기 때문이다.

자신의 가능성을 믿어야 한다. 공부한 것이 없어서, 배운 것이 없어서, 지식과 기술이 없어서 할 수 없다가 아니라 그러한 것들이 없어도 나는 반드시 할 수 있을 것이다가 되어야 한다고 말한다.

이 세상에는 하지 않을 뿐, 못할 일이 없다. 자신을 믿어라. 그리고 힘들고 어려운 시기, 고난의 시기야말로 사람을 강하게 키우는 가장 큰 축복의 시간임을 알아야한다고 말한다. 반면에 인생에서 가장 조심해야 할 때는 순풍이 불고 있을 때, 가장 잘 나가고 있을 때라고 한다.

산이 가파르면 정상도 가까운 법이다. 가장 어두울 때가 바로 해 뜨기 직전인 법이다. 일을 하면서 가장 힘들 때가 바로 모든 상황이 전환되기 직전임을 알아야 한다. 많은 사람들이 한두 걸음을 남겨 놓고 포기하고 멈추기 때문에 성공하는 사람들이 이렇게도 적은 것이다.
'그 일을 하려면 손이 베일만큼 해라!'

이 말은 이 책의 저자가 아버지에게 들은 말이다. 이 말처럼 무슨 일을 하더라도 자신의 이름을 걸고 완벽하지 않다면 세상에 내놓지 말라는 말이다. 물론 완벽을 추구한다는 것은 어려운 일이다. 하지만 자신이 하는 일에 손이 베일만큼 하는 사람은 완벽하지는 않다고 해도 최고가 될 것이다.

자유로운 발상의 중요성을 이 책의 저자는 강조한다. 교세라를 비롯해서 닌텐도, 옴론, 무라타 제작소, 롬 등 교토의 우량기업 대다수가 그 분야의 문외한들에 의해 설립되었다는 사실을 통해, 그는 지식과 경험이 많은 전문가보다 문외한들이 자신과 전혀 상관없는 분야에서 최고경영자로 이름을 날리는 것은 자유로운 발상을 할 수 있었기 때문이라고 말한다.

닌텐도의 경우가 매우 재미있다. 닌텐도라고 하면 우리는 모두 게임기 만드는 회사로 생각한다. 하지만 닌텐도는 원래 화투와 트럼프를 만들던 회사에 불과했다. 그리고 이 회사를 세계적인 게임기 회사로 만든 야마우치 히로시는 게임기의 하드웨어와 소프트웨어 등을 만들어 본 적도 없는 그 분야의 문외한이었던 것이다.

전문가적인 지식과 많은 경험이 결코 좋은 것은 아니다. 오히려 지식과 경험이 없는 신입 사원들이 큰일을 해내는 경우가 있는 것은 타인이 한 번도 해보지 않은 엉뚱한 발상으로 새로운 것들을 과감하게 시도하고 도전하기 때문이다.

지난날의 지식과 경험은 우리가 더 크게 도약하지 못 하게 현실
에 안주하도록 만드는 병인지도 모른다. 이 책의 저자는 집안도 가
난하고, 능력도 없었고, 하는 일마다 실패했던 사람이었다.

입학도, 취업도 자신의 뜻대로 되지 않았다. 대기업 입사마저도
자신의 뜻대로 되지 않았고, 다니던 회사마저도 망해가고 있었지
만, 그는 결국 일을 왜 해야 하는 지에 대한 깨달음과 일에 대한 마
음의 자세를 극적으로 바꿈으로써, 인생이 달라지는 토대를 마련
할 수 있게 되었던 것이다.

이 책을 통해 우리가 배워야 할 것들 중에 가장 중요한 것은 무
엇일까?

일을 한다는 것은 스스로 자신을 단련하고, 마음을 갈고 닦으며
삶의 중요한 가치와 의미를 발견하기 위한 것이라는 사실이다. 일
을 통해 우리는 자신을 더 나은 인간으로 발전과 성장을 이룰 수
있게 되고, 그러한 성장과 발전은 인생이 좀 더 나아지게 되고, 사
회가 좀 더 나아지게 되는 데 일조하게 된다는 사실을 이 책은 잘
말해 준다.

왜 일을 해야 하는 지에 대해 의구심을 가지고 있는 독자들이라
면 반드시 이 책을 일독해 보기를 권한다. 이 뿐만 아니라 일을 할
때 어떤 마음가짐과 자세로 해야 하는 지에 대해서도 이 책은 친절

하게 잘 말해 준다. 일을 시작하는 사회 초년생들은 물론이고, 몇 십 년을 일을 해 온 중년과 노년의 사람들도 읽으면 많은 것들을 반성하고 성찰할 수 있게 해 주는 깊이 있는 책이 아닐 수 없다.

이 책을 읽으면서 생각나는 책이 있었다. 바로 〔나는 왜 이 일을 하는가〕라는 책이다. 이 책은 모든 것이 왜? 라는 질문으로부터 시작된다고 강조하는 책이다. 〔왜 일하는가〕가 동양적 일에 대한 질문의 책이라면, 위의 책은 서양적 일에 대한 질문의 책이라고 할 수 있다.

이 세상을 적극적으로 리드하는 사람들은 모두 자기 자신을 춤 추게 하는 근원의 힘이 일을 하는 이유, 즉 왜 이 일을 하는가에 대 한 명확한 인식임을 깨달았다. 우리에게 필요한 것은 우리가 왜 이 일을 해야 하는가에 대한 명료함, 원칙, 일관성이라고 이 책은 강 조한다.

이 두 권의 책이면 당신의 일에 대한 철학은 기초가 아주 튼튼해 질 것을 의심할 수 없을 것 같다.

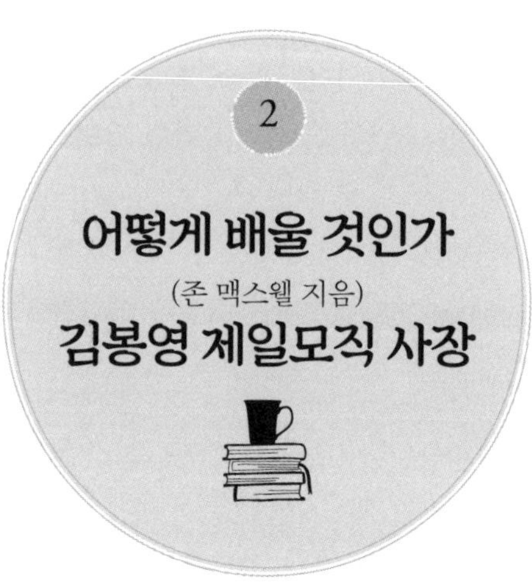

삶은 배움의 연속이다. 이 단순한 진리를 망각한 채 하루하루 생존만을 추구하는 사람들은 더 이상의 미래가 없다. 하루하루 시간을 낭비하면서 살다가 어느 순간 '왜 나는 이 모양이지?', '왜 내 인생은 어제와 별반 다를 바 없지' 라고 한탄만 하면서 별 볼일 없는 그런 인생을 살고 있는 사람들의 공통점은 하루하루 배움과 너무나 동 떨어져 있는 삶을 살고 있다는 것이다

인생의 최고의 목표는 변화와 성장이다. 어제와 다른 자신을 매일 만들어가는 것이 가장 중요한 사명이다. 그렇다면 우리는 어떻게 해야 변화와 성장을 이룰 수 있을까?

그리고 성장과 변화를 위해서 가장 중요하고 필요한 요소는 무엇일까?

이러한 질문에 가장 잘 답변을 해 주는 것과 같은 느낌을 느끼게
해 주는 책이 하나 있다. 바로 500만 명의 글로벌 리더들이 최고의
리더십 멘토로 선정한 바 있는 존 맥스웰의 〔어떻게 배울 것인가〕
라는 책이다.

이 책은 우리들에게 외친다.
'삶은 소중한 배움의 연속이다.'

그렇기 때문에 시련과 역경도 고마운 변화의 기회이며, 그러한
역경을 회피하거나 도망치지 말고 제대로 껴안으라고 말한다.
그렇게 시련과 역경을 껴안을 때 비로소 우리는 한 번 더 성장하
고 도약할 수 있기 때문이다. 그렇기 때문에 절대로 멈추지 말라는
것이다. 실패를 했더라도 멈추어서는 안 된다. 시련과 역경, 그리
고 실패조차도 위대한 교훈과 경험으로 바뀌게 되고, 한 뼘 더 성
장하고 성숙해진 자기 자신을 만날 수 있기 때문이다.

이 책의 작가인 존 맥스웰은 잘 나가는 세계 최정상급의 강사이
자 작가이다. 그런 그가 자신의 어처구니없고 바보 같은 실패 경험
을 책의 첫 부분에 과감하게 담아서 이야기를 시작했다.

자기가 살면서 저지른 사상 최악의 실수를 말이다. 그것은 연방
법상 범죄에 해당하는 행위였다. 바로 권총을 서류 가방에 넣고,
깜박한 채 공항의 보안 검색을 통과하려고 했다는 것이다.

공항의 보안 검색대에서 바로 검색 요원에게 발각되어, 수갑이 채워 진 채 경관에게 끌려가서 범인 식별용 얼굴 사진을 찍고, 한참 후에 보석금을 내고 석방되었다.

이 사건이 대중에게 알려지고, 공적인 이미지에 타격을 입은 것은 피할 수 없는 일이었다. 하지만 맥스웰은 이 사건이 대중에게 알려지기 전에 먼저 트위터에 다음과 같은 메시지를 올렸다.

"바보의 정의: 총을 선물로 받는다. 깜박 잊고 그 총을 기내용 가방에 넣어 공항에 간다. 보안 요원들이 식겁한다!"

이 실수를 통해 맥스웰은 많은 것을 배웠다고 한다. 그 중에서도 가장 중요한 사실은 실패를 하게 되면, 스스로 꼼짝달싹하지 못 하게 메이게 해서, 더욱 더 실패하도록 악순환을 거듭하게 한다는 것이다.

그래서 성공하는 사람과 실패하는 사람의 가장 큰 차이를 만드는 것은 실패를 다룰 수 있는 능력이다.

실패를 하면, 더 피곤해 지고, 더 타이밍을 맞추지 못 하게 되고, 더 타인의 평가나 시선을 의식하게 되고, 점점 더 주눅 들고, 위축이 된다. 하지만 성공하는 사람들은 그러한 함정에서 벗어나, 보란 듯이 실패를 통해 더 큰 것을 배우고, 실패를 통해 받은 피해와 손해보다 더 큰 이익을 낼 수 있는 기회를 만들어 버린다.

한 마디로 전화위복이 무엇인지를 제대로 보여준다.

보기 드물지만 어떤 사람들은 실패를 딛고 일어선다. 그들은 실패를 통해 심지어 전보다 훨씬 더 나은 사람이 된다. 반면에 어떤 사람들은 실패를 통해 추락하고 회복 불능이 된다. 그 전보다 더 못한 사람으로 전락한다.

이런 차이에 대해 이 책의 작가는 그것이 사회적 지위나 역경의 강도나 그들의 통제를 벗어난 다른 것들이 이유라고 생각하지 않는다. 그 차이는 그들 내면에 있다고 말한다.

역경을 자신에게 유리한 것으로 전환시키는 사람들은 겸손한 마음을 지녔고, 실패와 실수를 통해 더 성장하고 더 배우기 위해 변화를 이루어낸다고 한다.

자존심이 너무 센 사람들은 실패와 실수를 도저히 자신의 스승으로 삼을 수 없다. 그러한 것들을 스승으로 삼기를 거부한 결과 그들은 아무리 많은 실패와 실수를 거듭해도 아무것도 배우지도, 그 어떤 성장과 변화도 없는 사람들이다.

누군가는 겸손하기 때문에 최고가 된다. 하지만 누군가는 자존심이 너무 강해서 소중한 배움의 기회인 실수와 실패를 거듭 해도 하나도 배우지 못하여 갈수록 뒤처지게 된다.

겸손해지면 실수나 실패를 최대한 활용할 수 있게 된다고 이 책의 저자는 강조한다. 그리고 인생에서 가장 중요한 것은 시작이 아니라 끝이라고 말한다.

인생은, 산다는 것은 누구에게나 힘들기는 마찬가지이다. 하지만 성장과 배움을 멈춘 사람들에게는 몇 십 배 더 힘들다. 그리고 중요한 사실 한 가지는 일단 삶이 힘들다는 사실을 우리가 받아들일 때 비로소 성장이 시작된다는 사실이다.

현실을 제대로 직시하지 않은 사람에게는 인생이 더 힘들고 어려운 것이 된다. 변화에 느리게 대처하는 사람도 인생이 더 힘들기는 마찬가지이다. 삶이라는 하나의 도전과 시련에 제대로 대응하지 않고, 회피하려는 사람에게는 인생이 더욱 더 힘들다는 것을 우리는 알아야 한다.

성장하기 위해서는 먼저 자신의 모든 선택과 행동에 대해서 책임지는 것을 배워야 한다. 그렇게 하기 위해 가장 먼저 변명하는 습관을 버려야 한다.

우리는 미움이 아닌 사랑을 선택해야 한다. 우리는 포기가 아닌 도전을 선택해야 한다. 우리는 회피가 아닌 응전을 선택해야 한다. 우리는 절망이 아닌 희망을 선택해야 한다.

이 책의 저자는 성공하는 사람들은 항상 좋은 것들을 기대하며, 늘 희망하고 늘 예상하며 산다고 한다. 성공하는 사람들은 늘 긍정적인 환경을 만들고, 긍정적인 경험을 하고, 힘이 넘치고, 승리하기 위한 여러 가지 방법들을 찾는다고 한다.

놀랍게도 성공하는 사람들, 비범한 사람들은 가장 비참한 환경에서도 살아남고, 그러한 최악의 시련과 역경 때문에 더욱 더 비범해진다.

그들이 그렇게 할 수 있었던 이유는 비참한 환경에 대해 올바른 마음가짐으로 용기를 내어 모든 것을 배우고, 겸손히 받아들여 변화의 기회를 삼고자 하는 생각과 행동이 있었기 때문이다.

실패나 시련, 역경을 만났을 때 그것을 자기 자신을 성찰하는 귀한 변화의 시간과 교훈으로 삼는 사람들이 있다. 이런 사람들은 실패를 만나면 만날수록 더 나은 자기 자신을 만나게 된다. 오히려 실패가 돈으로 환산할 수 없을 정도로 큰 스승이며 학교인 것이다.

우리는 이 책의 저자의 이 말을 명심해야 할 필요가 있을 것 같다.

"삶은 역경으로 가득 차 있다. 우리는 그 역경에 눌려 으스러질 수도 있다. 역경 때문에 단단해질 수도 있다. 아니면 최선을 다해 역경을 이용해서 상황을 더 낫게 만들 수도 있다. 영국의 수상이었던 윈스턴 처칠은 이렇게 말했다. '난 평생 동안 받은 비판에서 계속 이득을 봐 왔습니다. 그리고 비판을 안 받았던 때

는 한 번도 없었다고 기억합니다.'"〈213쪽〉

그렇다 명심하자. 역경은 성공보다 더 좋은 스승이며, 변화의 기회이고, 배움의 순간이다. 그렇기 때문에 우리는 역경을 통해 더 나은 사람이 되는 그런 삶을 선택하자.

사람의 진가는 문제를 해결하는 방식에서 드러난다. 문제를 절대 과소평가해서도 안 되고, 그렇다고 해서 과대평가해서도 안 된다. 가장 조심해야 할 것은 절대 뒷문을 찾으려고 하고 회피하려고 해서는 안 된다는 것이다.

문제가 발생했을 때 강한 의지와 담대함으로 해결하려고 해야 한다는 것이다. 너무 겁먹으면 사고와 행동이 굳어지기 때문에 절대 마음을 강하게 먹어야 한다.

마지막으로 우리는 이기는 것보다 배우는 것이 더 중요하다는 사실에 대해 잊어서는 안 된다. 돈을 많이 벌고, 많은 것들을 소유하는 삶보다 더 많이 성장하고 변화되는 성장하는 삶이 훨씬 더 중요하고 의미와 가치가 있다는 사실을 명심해야 한다.

돈보다 사람을 선택해야 하고, 과거보다는 미래를 선택해야 한다. 그리고 미움보다는 사랑을 선택하고, 자존심보다는 겸손을 선택하는 사람이 더욱 더 많이 배우고 성장할 수 있는 사람이라는 사실도 기억하자.

성공하면 할수록 우리는 우리 자신에 대해 성찰할 기회를 박탈당하는 것이고, 더 성장하고 배울 기회를 박탈당하는 것임을 알아야 한다.

노벨상을 수상한 사람들이 수상 이후에 큰 업적을 달성하지 못하는 이유가 바로 이것이다. 그런 점에서 노벨상을 받은 후 뭔가 큰일을 해낸 사람은 역사상 단 한 명도 없다고 한다.

이 책의 저자는 성공이 실패보다 더 실패하는 인생을 살아가게 해 주는 매우 위험한 요소라는 사실을 다음과 같이 말해준다.

"성공은 현실에 대한 우리의 시각을 왜곡시킬 수 있다. 성공하면 우리가 실제보다 훨씬 더 나은 사람이라는 착각에 빠질 수 있다. 성공은 우리를 유혹해서 이제 우리가 배울 건 더 이상 없다고 믿게 한다. 성공은 이제 더 이상 실패하고 그것을 극복해야 하는 일은 내겐 일어나지 않을 거라는 환상을 부추긴다. 계속 발전하고 싶어 하는 이에게 그건 아주 위험한 생각이다."
〈90쪽〉

노벨상과 같은 큰 성공을 이룬 사람이 그런 큰 성공 이후에 뭔가 해낸 사람은 하나도 없다. 하지만 엄청난 실패를 한 사람 중에는 큰일을 해낸 사람이 적지 않다. 그렇기 때문에 실패나 시련을 제대로 껴안는 법을 배우고, 그것을 회피하지 않고, 온 몸으로 껴안아

야 한다. 그렇게 할 때 우리는 한 번 더 성장하고 배우게 되는 것이
다.

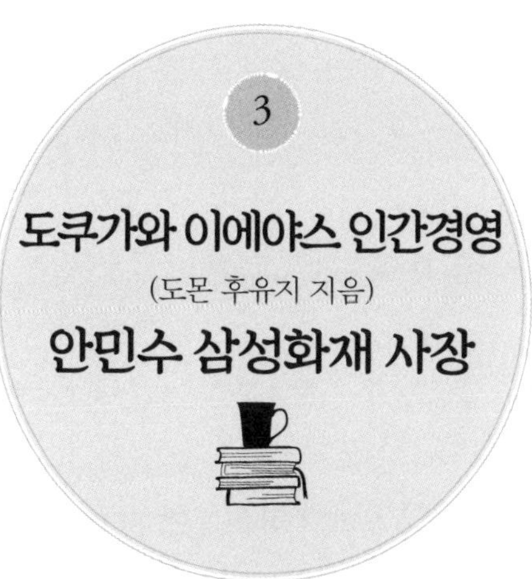

일본의 세 영웅, 오다 노부나가, 도요토미 히데요시, 도쿠가와 이에야스는 각각 천하의 지배자로 평가받는다. 하지만 이 세 사람의 성격은 너무나 다르다. 이 세 사람의 성격은 다음의 문장으로 잘 알 수 있다.

"세 사람은 두견새를 소재로 하이쿠를 읊었다. 노부나가는 '울지 않는 두견새는 죽여야 한다.'고 읊었고, 히데요시는 '울지 않는 두견새는 울게 해야 한다.'고 , 도쿠가와는 '울지 않는 두견새는 울 때까지 기다려야 한다.'고 읊었다." 〈26쪽〉

일본의 최고 경영자들은 이 세 사람 중에서 어떤 유형을 후계자로 선택할까? 단연 도쿠가와 이에야스다.

도쿠가와 이에야스는 늘 민심의 동향을 파악했고, 한 사람에게

꽃과 열매를 동시에 쥐어주지 않는 용인술을 사용했다.

그의 인간관리 전략은 도쿠가와 막부가 260년 동안 안정적으로 번영하고 유지되는 기초가 되어 주었다.

"꽃은 주어도 열매는 주지 않는다."

즉, 권력을 준 자에게는 경제력을 주지 않고, 경제력이 있는, 즉 급여가 많은 자에게는 인사권과 결정권과 같은 권력을 주지 않는다.

이렇게 함으로써 한 사람이 독단적으로 급성장하는 것을 막을 수 있고, 서로 견제하게 할 수 있는 것이다.

우리가 도쿠가와 이에야스에게 배워야 할 가장 중요한 것은 인내심이다. 그는 절대 성급하지 않았다. 조급해하지 않았다.

"익은 감은 가만히 내버려 두어도 떨어진다. 굳이 막대기를 사용하여 떨어뜨릴 필요는 없다. 떨어져야 할 때가 와도 감이 떨어지지 않고 가지에 매달려 있을 때만 막대기를 사용하면 된다." 〈도몬 후유지, [도쿠가와 이에야스의 인간경영], 47쪽〉

이 책을 보면 도쿠가와 이에야스가 얼마나 책을 좋아했고, 즐겨 읽었는지를 알 수 있는 대목이 나온다.

그는 특히 중국 고전을 즐겨 읽었다고 한다. 〈육도〉, 〈손자〉, 〈맹자〉, 〈논어〉, 〈중용〉, 〈사기〉, 〈한서〉, 〈육도〉, 〈삼략〉, 〈정관정요〉 등을 많이 좋아했다. 〈맹자〉라는 책을 통해 그는 세상과 임금을 보는 눈이 달라졌다고 한다.

"신하가 무력을 이용해서 덕이 없는 왕을 치는 것은 반역 행위가 아니다. 덕을 잃은 왕은 한낱 필부에 지나지 않기 때문이다." 〈도몬 후유지, 〔도쿠가와 이에야스의 인간경영〕, 47쪽〉

그 당시로는 파격적인 사상이 아닐 수 없었다. 그는 인생을 보는 사고방식도 매우 남달랐다. 그는 명확한 삶에 대한 태도를 가지고 있었다. 닛코의 도쇼 궁에 남아 있는 그의 유명한 말이 그것을 잘 설명해 준다.

"사람의 일생은 무거운 짐을 짊어지고 먼 길을 걸어가는 것과 같기 때문에 절대로 서두르면 안 된다."

그의 이러한 마음 자세 때문에 그는 길고 긴 노예 생활을 무사히 마칠 수 있었고, 결국에는 천하의 주인이 될 수 있었던 것이다. 그에게는 또한 탁월한 경영 감각도 있었다고 한다. 그리고 그러한 경영 감각은 세 명의 영웅의 공통점이었다고 한다.

"공교롭게도 오다 노부나가, 도요토미 히데요시, 도쿠가와 이에야스는 모두 아이치 현 출신이다. 세 사람의 공통점은 그 당시 인물로는 드물게 뛰어난 국제성과 경영감각을 갖추고 있었다는 점이다. 특히 새로운 지식을 도입하고 기술혁신을 추진하는 모습은 훌륭하다고 말할 수 있다. 세 사람 모두 경제인의 의견을 무척 존중했다.”〈도몬 후유지, 〔도쿠가와 이에야스의 인간경영〕, 149~150쪽〉

이 세 사람의 공통점은 리더만이 겪게 되는 고독이다. 그들에게는 진정한 의미의 친구가 존재할 수 없다. 그래서 그들은 고독이라는 거친 바람을 견디어 내어야 한다. 그들의 생존 전략은 결국 고독을 어떻게 견뎌내느냐이다.

그들이 살아남기 위해 선택한 교재들인 중국 고전은 모두 사람을 믿지 말고 배신하라는 것을 그들에게 가르친다고 말할 수 있다. 사람을 믿어서는 안 되는 이 시대의 영웅들에게 가장 큰 짐은 고독이었던 것이다.

도쿠가와 이에야스는 사람을 잘 부리는 능력이 뛰어났다고 한다. 그의 용인술의 핵심은 꽃은 주어도 열매까지 주지 않는 것, 일단 의심하는 것, 여론을 무시하지 않고 자기 것으로 만드는 것이다.

여론을 무시하면 반드시 패하게 된다는 사실을 그는 잘 알고 있었던 인물이었다. 그래서 여론이야말로 도쿠가와의 최대의 무기였던 것이다.

무슨 일이든지 무력으로 해결하고 정복하려고 했던 패권자에서 벗어나 도쿠가와는 인과 덕을 바탕으로 정치를 하려고 하는 의지를 천명하는 '평화선언'을 하여, 덕치를 추구했던 것이다.

'나는 무력으로 천하를 손에 넣었지만, 문장으로 다스릴 것이다.'

그가 쇼군이 된 후 한 말이다. 이러한 그의 정치 철학은 260여 년 동안이나 일본의 틀이 되기도 했다.

그는 왕조들이 멸망하고 쇠퇴한 이유를 왕에게 덕이 없었고, 덕치를 하지 않았기 때문이리고 확고하게 생각했다. 그래서 그는 덕과 인으로 다스리려고 노력했고, 그 결과는 대성공이었다.

경영자에게 가장 중요한 것은 자본이나 자산이 아니라 경영의 가장 중요한 핵심인 인간관리라는 사실이다. 인간관리에서 탁월함을 보여준 도쿠가와의 경영 방식은 한 마디로 원교근공이다.

가까운 이들에게는 적절한 선을 긋고, 멀리 있는 이들에게는 다가가는 전략이다. 그래서 그는 자신을 최고의 지위에 앉힌 무사들의 지위를 높여주기 보다는 낮추어 주고, 멀리 있는 민심의 동향을 살피고, 국가적 진보에 바탕을 두어 제도를 정비하고 개선해 나갔던 것이다.

가까운 측근들을 믿고 모든 것을 맡기는 경영자는 반드시 그것 때문에 화를 당하게 된다는 것이 역사가 말해주는 사실이다. 사람은 가까워지면 항상 그 이상을 원하는 존재이기 때문이다. 이런 사실을 도쿠가와 이에야스는 잘 알고 있었던 것이다 .

꽃과 열매를 분산시켜 한 사람에게 모든 것을 주지 않았던 도쿠가와 이에야스의 용인술은 지금 이 시대의 경영자들과 정치인들이 한 번 정도 되돌아보아야 할 전략인 것 같다.

노부나가가 반죽하고, 히데요시가 만든 천하라는 떡을 간단히 먹어버린 도쿠가와 이에야스는 75세까지 살았다. 오다 노부나가가 49세, 도요토미 히데요시가 62세까지 살았던 것을 보면 장수를 한 셈이다.

도쿠가와는 승마, 수영, 무술, 매사냥 등을 통해 건강을 철저하게 관리했다. 75세에 사망하기 직전까지도 그는 매사냥을 했다고 한다. 그가 특히 매사냥을 좋아한 이유는 건강 뿐만 아니라 매사냥을 통해 백성들의 생활상을 직접 살펴 볼 수 있었기 때문이다.

"보통 매사냥이라고 하면 한가한 놀이라고 생각하기 쉽지만 나의 매사냥은 좀 다르다. 산과 들을 빠른 속도로 달리다 보면 숨

쉬는 것조차 힘들어진다. 그 정도로 열심히 몸을 움직이는 이유는 다리와 허리를 단련하기 위해서다. 여기에 한 가지 목적이 더 있다. 매사냥을 하면서 마을을 돌아다니다 보면 백성들의 생활상을 직접 살펴볼 수 있다는 점이다. 그것은 정치에 큰 참고가 된다." 〈도몬 후유지, 〔도쿠가와 이에야스의 인간경영〕, 141쪽〉

이 책은 도쿠가와 이에야스의 인간경영에 대한 책이다. 하지만 이 책은 그 이상을 포괄하고 있다. 그가 어떤 삶을 살았고, 어떻게 시련과 역경을 이겨냈고, 어떻게 천하의 주인이 되었는지, 그리고 무엇보다 그가 어떻게 그 천하를 유지하고 관리하였는 지를 잘 보여준다.

우리가 이 책을 통해 만나야 할 인물은 경영자로서의 도쿠가와 이에야스일 것이다. 그가 어떻게 사람을 부리고 인간경영을 실천했는지를 말이다. 대중의 평가와 인기투표에서는 노부나가와 히데요시에 밀려 항상 3등을 하지만, 경영자들의 투표에서는 단연 1등만 하는 그는 타고난 경영자인지도 모른다.

그가 잘 한 것 중의 하나는 경영자들에게 가장 큰 숙제이기도 한 후계자 선택 문제다. 그는 후계자를 자신의 전략과 비전에 맞게 잘 선택한 덕분에 260년 동안 잘 유지하고 관리할 수 있게 되었던 것이다.

우리가 배울 점은 도쿠가와 이에야스의 수많은 아들들 중에 마지막으로 후계자 후보로 좁혀진 두 아들 둘째 히데야스와 셋째 히데타다의 차이이다.

왜 능력이 있고, 힘이 있고, 무신이었던 히데야스가 후계자가 되지 않고, 능력이 떨이지고 힘도 없었던 히데타다가 후계자가 되었을까?

여기에는 두 가지 이유가 있다. 첫째는 도쿠가와 이에야스가 처음부터 원했던 나라는 무력으로 지배하는 나라가 아닌 덕망으로 사람을 통치하는 덕이 있는 왕도 국가였기 때문이다.

무력으로 나라를 다스리는 패도(覇道)가 아닌 인덕으로 나라를 다스리는 왕도(王道)에 가장 어울리는 인물은 능력은 부족해도 성격이 온화하고 덕망이 있는 셋째 히데타다이기 때문이다.

그런 왕도 정치를 하기 위해서는 마음이 넓고 모든 신하들을 포용할 수 있는 아들인 셋째가 적임자였기 때문이다.

둘째는 도쿠가와 이에야스는 쇼군 자리를 아들에게 물려준 이후에도 섭정을 하고자 했던 것이다. 즉, 머리와 몸이 따로 존재해서 모든 정치의 결정과 전략은 머리인 자신이 세우고 전해 주면, 행동 대장격인 몸인 자신의 아들이 그 정치를 펼치는 그런 분단전략을 구사하기를 원했기 때문이다.

그런데 둘째는 누군가의 도움이나 지시 없이도 혼자서 충분히 정치를 할 수 있을 만큼 유능한 아들이었기 때문에, 도쿠가와의 입장에서는 능력 있는 둘째가 아닌 셋째가 적임자였던 것이다.

이처럼 지금 이 세상에서도 재주나 능력이 뛰어난 사람이 크게 성공하는 것은 아니다. 오히려 재주나 능력보다 덕망이 높고 모든 것을 포용할 수 있는 그런 사람이 더 크게 성공한다. 결국 인간경영이 모든 것을 좌우하는 것이다.

이 책을 통해 우리는 인간경영의 대가였던 한 사람을 만날 수 있게 된다. 그 사람을 통해 인간에 대한 깊은 통찰과 사색을 확장시켜 나가야 한다. 그것이면 충분하다.

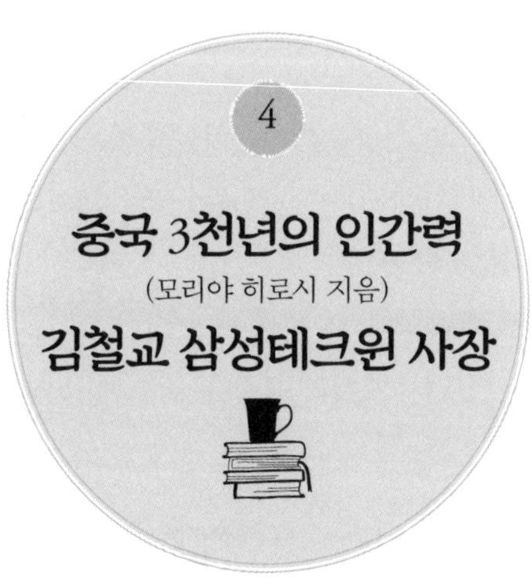

중국 고전은 크게 두 가지로 나누어진다. 하나는 정치 이야기다. 천하를 어떻게 다스릴 것인지, 어떻게 정치를 해야 하는 지에 대한 것이다. 또 다른 하나는 인간에 대한 이야기다. 인간은 어떤 존재이고 인간은 어떻게 사는 존재이고, 어떻게 인간관계를 맺고 살아야 하는 지에 대한 것이다.

그런 점에서 중국 고전은 모두 정치학이며 인간학이라고 할 수 있다. 일반 서민을 위한 책이 아니라고 감히 말할 수 있다. 일반 서민이라도 이런 책들을 읽고 또 읽어서 자신을 성장시킨다면 지도자가 될 수 있고, 리더가 될 수 있다는 말이기도 하다.

일반인들보다 사회 지도자가 될 사람들이 더 인격을 형성하고 세상을 내다보는 통찰력을 가져야 하는 이유는 그들의 선택과 행동이 다른 사람들의 삶을 좌지우지할 수 있기 때문이다.

중국 고전에 대해 관심이 많은 독자들은 이 책을 꼭 읽어보기 바란다. 이 책은 중국의 고전 24권을 소개하면서 우리가 배워야 할 인간과 인간에 대한 모든 것에 대해 성찰할 수 있게 도움을 주는 책이다.

먼저 〈한비자〉라는 책이다. 이 책을 통해 우리가 배워야 할 한 가지를 말하자면 이것이다.

"인간은 이익을 좇아 움직이는 동물이다."

이익이 된다고 판단되면 누구든 용감해지고, 누구든 배신을 할 수 있다는 말이다. 이익을 좇아 움직이는 동물이기에 지도자는 절대 부하에게 좋고 싫든 감정을 드러내서는 안 된다. 지도자가 감정을 보이면 신하는 이를 이용하여 이익을 챙기려 들기 때문이다. 신하를 부리기는커녕 부림을 당하는 것이다.

허점을 보이지 않기 위해서는 가끔 부하에게 예기치 못한 질문을 한다. 자극과 긴장을 주어야 부하를 제어할 수 있기 때문이다.

부부 사이에서도 이해관계가 다른 것이 인간인데, 하물며 군주와 신하, 부리는 사람과 부림을 당하는 사람 사이는 어떻겠는가?

군주의 권한을 다른 이에게 넘기면 직원들과 백성들은 그 사람을 위해 일하고, 군주를 외면하게 된다. 권한을 다른 이에게 넘겨서는 안 된다. 또한 군주는 욕심에 눈이 멀어 이익만을 쫓으면 자신은 물론, 나라까지 위태롭게 된다.

이번에는 〈사기〉라는 책이다. 사마천이 피로 쓴 역사서인 이 책은 인간학의 보고라는 말이 있을 정도로 다양한 인간에 대해 살펴볼 수 있는 책이다.

우리가 이 책을 통해 명심해야 할 명언들은 이런 것들이다.

"군자는 절교를 할지언정 남을 험담하지는 않는다." 〈악의전〉

"결단을 내리고 과감하게 행동하면 귀신도 방해하지 못한다." 〈이사전〉

"덕이 있는 자에게는 저절로 사람들이 모여든다." 〈이광전〉

〈사기〉는 단순히 역사를 기록한 책이 아니다. 왕후귀족을 비롯하여 서민, 심지어 불량배에 이르기까지 모든 계층의 인물을 등장시켜서 인간학의 보고를 창작했던 것이다.

그 다음에는 〈삼사충고〉이다. 이 책은 원나라의 정치가 장양호가 쓴 책으로 지도자의 마음가짐에 대한 책이다.

이 책의 저자인 장양호는 인간에게 있어서 값진 인생을 살 수 있는 이유는 절의를 지키기 때문이라고 강조한다. 그리고 그가 말하는 절의는 천하의 법도를 말한다.

"절의란 천하의 법도이며 신하가 마땅히 지켜야 할 최대의 덕목이다. 재산이 많고, 지위가 높다하여 함부로 행동하면 안 된다. 가난하고 천하다 하여 위축되거나 비굴하게 굴면 안 되며 위협과 무력에도 굴하지 말아야 한다. 오로지 정도를 지키며 살아야 한다." 〈69쪽〉

장양호는 이 책을 통해 자기 수련에 힘쓰는 것, 자신에게 엄격하게 하는 것을 매우 강조했다. 사람이 벼슬길에 오르게 되면, 자연스럽게 최고의 자리에 오르기를 원하게 되지만, 부와 명예가 치욕을 당하게 되는 원인이라는 것을 모르기 때문에 생기는 헛된 욕망이라고 경계한다.

자기 수련에 힘쓰는 자는 명예를 얻을 것이지만, 게을리 한 자는 치욕을 당하게 된다고 경계한다. 선비는 자신에게 매우 엄격해야 하고, 책임을 질 줄 알아야 한다. 그리고 보통 선비보다 더 높은 벼슬에 있는 사람들은 훨씬 더 엄격하게 자신을 대해야 한다.

지도자는 서민과 달라야 한다. 권력을 이용해서 자기 욕심을 충족시키고 사리사욕을 채우는 사람은 절대 지도자가 되어서는 안 된다. 지도자는 소인처럼 궁지에 빠지면 쉽게 마음이 동요되는 사람이 되어서는 안 된다. 어떤 곤경이 닥쳐도 마음의 평정을 유지할 수 있는 사람이어야 한다.

그 다음은 전국시대의 책략을 기록한 〈전국책〉이다. 이 책을 통해 우리가 배워야 할 교훈은 무엇일까?

바로 인간관계의 오묘한 이치이다.

중산나라 왕의 이야기는 이러한 오묘한 인간관계의 이치를 잘 말해준다. 전국 시대에 중산이라는 작은 나라가 있었다. 어느 날 왕이 국내의 귀빈들을 모아 연회를 베풀면서 양고기로 만든 죽을 대접했다. 그런데 죽이 부족하여 죽을 먹지 못 하는 사람이 생겼다. 이 때 죽을 먹지 못 한 사람이 불만을 품고, 초나라로 가서 초나라 왕을 부추겨 중산을 치게 했다.

초나라가 대국이었기 때문에 공격을 받은 중산 나라 왕은 더 이상 버틸 수가 없어서, 다른 나라로 도망을 쳤다. 그런데 창을 든 두 사람이 뒤를 쫓아왔다. 누구냐고 소리치자, 그 두 사람은 오래전에 자신의 아버지가 왕이 준 음식을 먹고 죽음을 면하게 되어, 왕에게 무슨 일이 생기면, 목숨을 걸고 왕에게 은혜를 보답하라는 유언을 지키기 위해 왔다는 것이다.

중산나라 왕은 이렇게 탄식했다.

"아주 사소한 은혜라도 상대가 곤란할 때 베풀면 그 효과가 바로 나타나고, 사소한 실수라도 상대를 상처 입히면 크게 보복당하는구나. 나는 죽 한 그릇으로 나라를 잃었고, 음식 한 바구니로 용사 두 사람을 얻었구나." 〈102쪽〉

이것보다 더 중요한 것은 진심으로 부하 직원을 인정해 주고 알아주는 것이다. 진심으로 대해 주고, 자기를 알아주는 상사에게 사람은 최고의 것으로 보답해 주고 싶은 인지상정이다. 진나라 사람 여양이라는 사람의 스토리는 이런 사실을 잘 말해 준다.

여양이라는 사람은 처음에는 다른 사람을 주군으로 섬겼는데 크게 쓰임을 받지 못 했고, 인정을 받지 못 했다. 하지만 지백이라는 중신을 주군으로 섬기고, 크게 인정을 받아 높은 지위에 오르게 되었다.

그런데 지백이 세력다툼 끝에 조양자라는 중신에게 죽임을 당하게 되자, 주군을 잃은 여양은 자신을 인정해 준 지백에 대한 복수를 하기 위해 두 번이나 목숨을 내 던졌던 것이다.

인간관계의 오묘한 이치는 바로 인정이고 진심이다. 부하 직원

을 진심으로 대하고, 인정해 줄 때 부하 직원들은 더욱 더 잘 일을
해내는 것이다.

　다음은 〈전습록〉이다.

　이 책은 명대 중기의 사상가 왕양명의 주장을 수록한 어록이다.
이 책은 양명학의 입문서이기도 하다. 하지만 이 책을 통해 우리가
배워야 할 가장 중요한 교훈 중의 하나는 이것이다.

　"인생의 가장 큰 병폐는 오직 오(午)라는 한 글자에 있다."
〈133쪽〉

　겸손함, 겸허함과 반대되는 글자가 바로 '거만하다'. '업신여기
다'의 오자인 것이다.
　그래서 왕양명은 겸손은 선이 모이는 데 기본이 되지만, 거만함
은 악이 모이는 데 으뜸이 된다고도 말했던 것이다.

　그 다음은 우리에게도 매우 유명한 〈장자〉이다. 초월을 강조한
이 책은 우리들에게 세상과 사물을 좀 더 폭 넓고 다양하게 성찰할
수 있게 해 주는 남다른 시각을 선사해 주는 고마운 책이다.

　이 책은 재미있기로 소문난 책이다. 다른 고전과 달리 초월적이
고 자유롭고 기괴하기까지 하다. 심지어 문학적이기까지 하다. 하

지만 매우 교훈적이고 심오하기까지 하다.

이 책을 통해 독자들이 얻어야 하는 것은 세상을 보는 시야를 다르게 하고 좀 더 넓게 하면 더 큰 세상을 만들어 나갈 수 있다는 발상의 전환의 기술이다.

현실을 초월한다는 것을 현실을 외면한다는 것으로 오해해서는 안 된다. 이 책은 우리의 좁고 편협된 세상 보는 눈을 뜨게 해 준다.

매미나 비둘기는 9만 리 상공을 날아 남쪽으로 가는 붕을 비웃고 이해하지 못 한다. 하지만 붕이라는 새는 9만 리 상공으로 날아올라 6개월 동안 쉬지 않고 날아간다. 시야가 작은 사람들은 상상도 할 수 없는 큰 세계가 있다.

시간도 마찬가지다. 1만 6천 년에 한 번씩 나이테가 생기는 '대춘'이라는 나무가 있다고 한다. 이에 비하면 인간의 수명은 참으로 하찮은 것이다.

인간의 어리석음을 이 책의 저자는 '조삼모사'라는 우화로 비웃고 꼬집어 준다. 하찮은 이해관계에 얽매이면서 부질없는 싸움과 다툼을 하면서 살아가는 우리들에게 끝없는 대우주의 관점이 있음을 일깨워준다.

이 책은 또한 세상의 평가나 기준이 모두 상대적이며, 우리의 평가가 모두 인간 중심일 뿐이라는 것에 대한 깨달음도 준다. 배나무나 유자나무는 열매를 맺기 때문에 인간에게 유용하고, 그로 인해 천수를 다하지 못 하고 잘리지만, 무용해지려고 노력하는 거대한 상수리 나무는 무용하기 때문에 천수를 다하고 있다는 것이다.

즉, 세상 사람들은 모두 유용한 것의 쓰임은 알면서도 무용한 것의 쓰임은 모른다는 것이다. 무용의 쓰임을 새롭게 발견하는 자들은 새로운 인생을 살아낼 수 있을지도 모른다.

무용의 쓰임뿐만 아니라 이 책이 우리에게 주는 발상의 전환은 무심의 경지, 망각의 효용도 있다. 즉, 우리가 잊고 산다는 것, 마음을 비운다는 것이 얼마나 유용한 것인지를 말한다.

이 책에서 말하는 이상적인 지도자상은 목계다.

"역경에 닥쳐도 불만을 품지 않고 출세를 기뻐하지 않으며 모든 일을 있는 그대로 받아들이고 계략을 꾸미지 않는다. 실패에도 굴하지 않으며 성공해도 으스대지 않는다." 〈150쪽〉

이 책의 저자이기도 한 장자는 명예와 이익에 집착하지 않는 인물이었다. 명예나 이익에 집착하면, 그 명예와 이익이 오히려 불행을 초래하는 화근이 되고, 치욕의 원인이 될 뿐이라는 사실을 잘 알고 있었던 것이다.

그 다음 책은 〈노자〉다.

이 책은 도와 덕에 대한 이야기로, 〈도덕경〉이라고 불리기도 한다. 이 책은 우리가 인생을 살아가는 데 필요한 마음의 올바른 자세와 태도에 대해 큰 지혜가 담겨 있는 책이라고 필자는 생각한다.

이 책을 통해 배워야 하는 중요한 교훈 들 중에 몇 가지는 이것이다.

"만족할 줄 알면 욕됨을 면한다."
"자신을 칭찬하는 자는 오래가지 못한다."

이 책의 저자인 노자가 주장하는 처세 철학은 중국인들이 오랫동안 실천해 왔던 끈기와 정신을 엿볼 수 있다.

노자가 강조한 것 중의 하나가 '최선의 선은 물과 같다'는 말이다.

물은 상대를 거스르지 않고, 다양하게 대응할 줄 아는 유연성을 갖추고 있다. 막히면 돌아가고, 길이 없으면 어떻게든 길을 만든다. 그리고 물은 높은 곳이 아닌 낮은 곳을 향해 흘러간다. 겸손과 겸허한 모습을 추구한다는 것이다. 물은 항상 약하고 부드럽다. 하지만 그래서 강한 것이다.

노자가 물에 대해서 한 말들을 살펴보면 이런 사실을 정확하게
알 수 있다.

"물과 같은 생활방식이 가장 이상적이다. 물은 만물에 혜택을
주면서 상대를 거스르지 않고 사람이 꺼리는 낮은 곳으로 흘러
간다. 낮은 곳에 몸을 두고 심연과 같이 깊은 마음을 겸비하고
있다. 줄 때는 차별을 하지 않고 거짓을 말하지 않는다. 나라를
다스릴 때는 파탄을 일으키지 않고 모든 일에 적절하게 대응하
며 시기를 보아 적합한 때에 행동한다. 이것이 바로 물의 형상
이다. 물과 같이 거스름이 없는 생활방식을 취하면 실패를 막을
수 있다." 〈164쪽〉

즉, 노자가 강조하는 것이 부쟁의 덕이다. 싸우지 않고 자신의
우위를 차지하는 것이다. 그렇게 하기 위해서는 함부로 무력을 휘
두르지 않아야 하고, 화를 내거나 감정적으로 행동을 해서도 안 된
다. 이기는 데 명수는 힘으로 감정으로 하지 않고 낮은 자세로 사
람을 대한다.

바로 물처럼 낮은 자세로 상대를 절대 거스르지 않고 상대와 싸
우지 않으면서 필요한 것을 얻는다. 자신을 철저하게 낮춘다는 것
이 노자가 내세우는 처세 철학이며, 그 속에 담긴 것은 강인함이
다. 유함으로써 강함을 이기는 것이다.

노자는 말한다. 자신의 재능을 숨기라고 말이다. 자기를 내세우지 않기 때문에 오히려 다른 사람들에게 인정을 받고, 자기를 과시하지 않기 때문에 오히려 추대를 받는 것이고, 공적을 자랑하지 않기 때문에 오히려 다른 사람들에게 칭송을 받는 것이라고 말한다.

즉, 조심성 있게 행동하고 겸손하게 행동하고, 절대 자랑이나 과시를 하지 말라고 조언해 준다. 중요한 조언이 아닐 수 없다.

또 우리가 노자를 통해 배워야 할 교훈은 욕심을 버리고 이익을 탐내지 말라는 것이다.

"이 세상에서 가장 큰 죄는 끝없는 욕심에서 발생한다. 또 최대의 불행은 만족할 줄 모르는 욕심에서 비롯되며, 최대의 실수는 이익을 탐내는 마음에서 기인한다.
지위에 니무 집착하면 생명이 단축되고 재산을 지나치게 많이 모으면 모두 잃게 된다. 그러므로 만족할 줄 알면 욕됨을 당하지 않으며 그만둘 때를 알면 위태롭지 않다." 〈168쪽〉

노자는 난세를 헤쳐 나가는 데 필요한 마음가짐으로 다음 세 가지를 주장했다.

1. 사람을 귀하게 여겨라.
2. 매사에 신중을 기하라.
3. 선두에 나서지 말라.

노자가 강조한 것은 나서지 말고 뒤로 물러나라는 것이다. 특히 공을 세웠다면 더 더욱 물러나야 한다고 강조한다.

"가득 차 있는 상태를 무리하게 유지하려는 짓은 어리석다. 쏟아 부은 물은 금방 넘치고 너무 날카롭게 간 칼은 잘 부러진다. 금은보화를 방안 가득 쌓아 두어도 끝까지 지킬 수 없고, 출세하여 뽐내면 제지를 당한다. 공을 이루면 물러나는 것이 하늘의 도리다." 〈169쪽〉

공을 이루었다면 왜 물러나는 것이 세상의 이치고 하늘의 도리일까? 만약에 물러나지 않는다면 지금까지 쌓아온 공적과 명성을 유지할 수 없기 때문이다.

많은 고전들이 이 책에 소개되어 있지만 필자가 마지막으로 소개해 주고 싶은 고전은 〈채근담〉이다.

채근이란 말은 변변치 못한 끼니를 일컫는 말로, 역경을 견딘 자만이 큰일을 해 낼 수 있다는 것을 의미한다.

이 책은 험난한 세상을 살아가는 처세술을 본격적으로 다루었다.

"우리의 삶은 무엇이든 줄이려고 마음먹으면 그만큼 속세의 굴

레에서 벗어날 수 있다. 만남을 줄이면 다툼을 피할 수 있다. 말수를 줄이면 비난을 면할 수 있고 생각을 줄이면 근심이 줄어든다. 머리를 덜 굴리면 진실된 마음으로 대할 수 있다. 줄일 생각은 않고 더 많은 것을 얻고자 하는 사람은 스스로 속세의 굴레를 쓰는 것과 같다." 〈227쪽〉

"부동의 경지에 이른 사람은 성공했다고 기뻐 날뛰지 않으며 실패했다고 전전긍긍하지도 않는다. 어떤 일에든 의연하게 대처할 수 있다. 외부의 충격에 마음이 동요되는 사람은 한계에 부딪치면 화를 내고, 일이 잘 풀리면 그것에만 집착하며 사소한 일에 얽매여 자유를 잃는다." 〈227쪽〉

이 책은 우리의 인생살이가 만만치 않다는 사실을 잘 말해 준다. 하지만 이렇게 만만치 않은 세상에서 채근담이 강조하는 것은 양보하는 마음이다.

사람의 마음은 변하기 쉽고 세상은 냉엄하기 때문에 먼저 한 걸음 멈추어 서서, 한 발 물러서서 양보하고 다른 사람과 음식을 나눠 먹는 것이 타인을 대하는 가장 안전하고 평화로운 방법이라고 말한다.

평생 양보해 봐야 백보가 안 되므로, 걱정하지 말고 양보하라고 이 책은 말한다. 지나치게 결벽한 사람은 세상을 살기가 힘들다고

한다. 더러움과 추악함도 받아들일 수 있는 도량을 갖춰야 한다고
한다.

사람을 대할 때 좋고 싫든 감정을 노골적으로 드러내서는 안 되
며 어떤 유형의 사람이든 수용할 수 있는 포용력을 길러야 한다고
말한다.

남에게 책임을 물을 때는 절대 실수만 지적해서는 안 되며, 심하
게 해서도 안 된다고 말한다. 반드시 잘 한 부분도 함께 말해 주어
야 상대가 불만을 갖지 않는다는 것이다.

타인의 잘못에는 너그럽게 대하고, 자신의 잘못은 엄격하게 다
스려야 한다. 이것이 매우 중요하다. 이 책은 너무 지나치게 무엇
이든 하지 말라고 조언해 준다. 심지어 훌륭한 행동도 말이다.

"너무 높은 지위에는 오르지 않는 편이 좋다. 최고의 자리에 올
라가면 수많은 함정이 도사리고 있다. 재능은 적당히 발휘하라.
지나치면 금방 한계가 드러난다. 훌륭한 행동도 정도껏 하라. 지
나치면 다른 이들의 시기나 모함을 받기 때문이다." 〈234쪽〉

일이 잘 될 때 마음을 놓고 방만하고 나태해 져서는 안 되며, 일
이 난관에 부딪쳤을 때 좌절하고 초조해 하면서 경거망동하지 말
라고 이 책은 조언한다.

역경에 처하면 모든 것이 좋은 약이 되고, 절조와 행동이 자신도 모르는 사이에 단련되지만, 만사가 잘 풀릴 때는 눈앞의 모든 것이 흉기가 되고, 나태해 진다. 그래서 때를 기다리고 꾸준히 자신을 수양하는 것이 중요하다고 한다.

명심하자.

"먼저 핀 꽃은 먼저 진다."

인생은 길다. 조바심을 낼 필요가 없다. 독자들도 마찬가지다. 대기만성을 기억하자.

중국 고전에 대해 더 깊게 알고 싶고 넓게 이해하기를 원하는 독자가 있다면 이 책을 입문서로 추천하고 싶다. 24권의 고전을 먼저 만나 볼 수 있는 좋은 책이기 때문이다.

단 한 권의 책이 한 사람의 일생에 지대한 영향을 줄 수 있을까?

이러한 질문에 잘 말해 주는 듯 한 한 권의 책이 있다. 바로 A.J. 크로닌의 〔천국의 열쇠〕다. 이 책은 어쩌면 수많은 사람들의 일생에 큰 영향을 끼친 고전 중에 고전이라고 할 수 있을 것 같다.

이 책을 읽어보면 안다. 그 어떤 기교나 필력도 느끼지 못 한다. 순박하고 투명한 책이다. 하지만 그 순박하고 투명한 것이 얼마나 큰 기교이고 필력인지 깨닫게 해 주는 책이기도 한다.

이 책은 저자의 어린 시절과 매우 닮아 있다. 그리고 그러한 사실은 곧 저자의 고민과 갈등, 고뇌와 사상의 축약판일 것이라는 예측도 가능하게 해 준다는 것이다.

이 책은 한 명의 신부를 통해 신과 인간에 대한 깊은 사랑과 구원과 삶에 대한 근본적인 질문에 대한 내용을 담고 있다. 이 책의 저자는 아일랜드의 구교 출신의 아버지와 스코틀랜드의 개신교 신자인 어머니 사이에서 태어났다. 하지만 아버지가 세상을 떠나게 되고, 외가로 옮겨 살게 되면서, 가톨릭 영세를 받은 그는 개신교 아이들로부터 따돌림을 당하면서 성장하게 된다. 그로 인해 그는 종교에 대해 많은 갈등을 하면서 자라게 되었고, 그러한 고민과 갈등이 결국 이 책을 낳은 것이다.

종교란 과연 무엇일까? 과연 어떤 사람만이 구원을 얻을까?

분명 기독교에서는 '나 외에 다른 구원의 길은 없다.' 라고 못을 박고 있다. 필자도 역시 기독교 신자이다. 지난 한 해는 부끄러운 신자였지만, 올 해 부터는 부끄럽지 않은 신자가 되기 위해 노력하고 있다.

독자 여러분들은 어떤가? 기독교인?

이 책의 저자는 이 책의 주인공인 치섬 신부를 통해 새로운 구원관을 제시한다. 그로 인해 이 책을 접한 많은 사람들은 많은 혼란과 고민을 하게 되기도 한다. 하지만 그것은 비가 온 후에 땅이 굳는 것처럼, 대나무가 마디가 있어서 더 단단한 것처럼, 필요한 것이라고 생각한다.

이 책의 줄거리는 매우 간단하다.

신부가 되고자 하는 두 동기생 프랜시스 치점과 안셀름 밀리, 그리고 프랜시스의 진실한 벗이고 술을 좋아하고, 무신론자이자 정의파 의사인 윌리 탈록의 인생과 이야기가 이 책의 줄거리다. 여기서 중요한 내용은 두 신학교 동기의 서로 다른 삶의 모양과 추구하는 목적이다.

한 사람은 많은 고난을 이겨내며 변방이기도 한 중국에 가서 평생 선교사를 하다가 늙어서 시골의 작은 성당의 주임신부가 되어 세상 적으로 그렇게 성공적이지 못 한 삶을 살았던 사람이다. 이 사람이 바로 주인공 프랜시스 치점 신부이다. 그리고 또 한 사람은 뛰어난 사교술로 출세가 빨라서 가톨릭 최고의 영예인 추기경에 오르고 승승장구하는 안셀름 밀리 신부이다.

완고한 주인공 치점은 가톨릭 신학교의 획일성에 대항하다가, 주위의 냉대를 받으며 간신히 졸업을 하고, 성당에 부임하지만, 반항적인 성격 탓에 중국의 텐진에서 1천 마일이나 떨어진 저장 성 파이탄에 파견되기도 한다.

하지만 치점 신부는 평생을 전도 사업에 헌신한다. 힘들게 세운 성당이 홍수로 인해 일시에 붕괴돼 버리기도 하는 등 고난은 계속된다. 평생 인내와 청빈과 용기로 헌신하며 살아온 치점 신부는 '참 된 구원은 어디에 있는가?' 라는 질문을 늘 가슴에 두고 살아왔다.

　여기에 가장 큰 비중은 치점 신부가 중국에서 선교사 생활을 할 때 의사 친구인 윌리 탈록을 만나 지낸 이야기다. 의료선교 현장에서 헌신하다가 죽게 된 그에게 치점 신부는 매우 놀라운 선언을 한다.

　무신론자인 그가 천국에 갔을 것이라고 그는 당당하게 설교를 한다. 이 설교는 치점 신부의 구원에 대한 견해를 잘 말해 준다. 의사 친구의 마지막 순간 그들이 나눈 대화를 보자.

　"하느님은 자네를 알고 계신다네."
　"위로하려고 하지 말게 …… 난 회개를 하지 않았다네."
　"인간의 괴로움이 바로 회개의 행위라네."
　〈[천국의 열쇠], 308쪽, 홍신문화사〉

　그렇다. 어떤 점에서 입으로만 하는 회개는 진정한 회개가 아니다. 어떤 마음의 고생이나 고통을 통해 진정 마음속으로 흘리는 눈물과 부담과 짐과 괴로움이 우리로 하여금 참 된 회개를 하게 이끌어 주는 회개의 일부분이라는 생각이 든다.

　우리 인간은 참 어리석은 존재이기도 하다. 그래서 어떤 실패나 시련을 거치지 않고서는 우리의 잘못된 높아진 마음이, 교만했던 마음이 쉽게 내려오지 않는다. 교만은 가장 큰 죄악인지도 모른다. 교만할 때 사람은 절대 회개하지 않기 때문이다. 교만하다는 것은 신의 존재와 도움을 부정하는 것이고, 신의 도움 없이 자신이 잘나서 지금까지 살아왔다는 것을 의미하기 때문이다.

하지만 이것은 가장 큰 죄악이고 교만이다. 네팔 지진처럼 인간은 어쩔 수 없는 무기력한 존재이기도 하다. 지금 까지 살아왔던 것도 신의 축복이고 보살핌이고 기적인 것이다.

그렇기 때문에 우리는 늘 감사해야 하고, 자신이 가진 것이 자신의 힘으로만 얻은 것이 아니기에 늘 나누어야 하고, 자신의 힘만으로 존재하는 것이 아니기에 늘 타인을 도와주고 보살펴야 하는 것이다. 우리가 신의 도움을 통해 누군가의 도움으로 지금까지 존재해 왔기 때문이다.

인간의 괴로움은 자기 자신만의 욕심과 이기주의의 결과인지도 모른다. 서로 사랑하고 나누고 양보하고 배려하고 용서하고자 하는 사람은 괴로움이 훨씬 덜 하다. 탐욕과 욕심을 버리는 것이 바로 회개이고, 사랑인 것이다. 이 책의 저자가 말하고자 했던 것은 바로 이런 것들이 아닐까?

교회라는 조직 속에서 사교술이 뛰어나 늘 좋게 평가를 받고 인정을 받으며 승승장구하는 신학교 시절의 학우인 안셀름 밀리 신부와 대조적으로 조명을 받고 있는 주인공 치점 신부를 통해 이 책

의 저자는 우리들에게 천국의 열쇠는 누구의 것인지를 반문하고
있는 지도 모른다.

천국의 열쇠, 즉 천국으로 가는 길은 과연 어떤 길일까? 이 책의
저자가 우리에게 치점 신부를 통해 말하고자 하는 것은 무엇일까?

필자는 이렇게 생각한다.

천국으로 가는 길은 하나가 아니다. 이 책의 원제가 천국의 열쇠
가 아닌 천국의 열쇠들(The Keys of the Kingdom)인 것을 생각해 보면
그렇다. 또한 기독교에서 말하는 가장 중요한 핵심 메시지는 하나
님은 사랑이시라는 것이다. 즉, '하나님은 모든 사람이 구원을 받
으려 진리를 아는 데 이르기를 원하시느니라.' 라는 구절처럼, 모
든 사람을 구원하시기를 원하고 있다는 사실이다.

그리고 그 구원의 길들은 이 책의 저자가 말한 것처럼 부끄럽지
않게끔 성실하게 사는 것인지도 모른다.

"부끄럽지 않게끔 성실하게 사는 사람들은 누구나 다 구원을
받을 것입니다. 그것이 바로 하느님의 크나큰 자비지요. 최후의
심판 때에 결코 신의 존재를 알 수 없노라 하는 사람들에게도
결코 진노의 채찍을 내리지는 않으실 겁니다. 아마 '여기를 보
아라. 네가 그토록 부정하려 했던 ks와 천국이 있지 않느냐. 자,
들어오너라.' 하고 말씀하시겠지요."   〈[천국의 열쇠], 314쪽,

홍신문화사〉

부끄럽지 않게끔 성실하게 사는 것은 과연 무엇인가?

그것은 바로 사랑일 것이다. 네 이웃을 네 몸과 같이 사랑하라는 것이 가장 큰 두 번째 계명이다. 말로만 입으로만 사랑한다고 하는 것보다는 이웃을 자신의 몸처럼 사랑해서 떡 하나 더 나누어 주는 사람이 진정한 신앙인이 아닐까?

무신론자였던 탈록은 페스트 환자들을 치료하기 위해 헌신했다. 바로 이런 사람이 참 된 신앙을 몸으로 실천한 사람이라고 이 책의 저자는 보여 주는 듯 하다. 주인공 치점 신부와 탈록의 대화를 살펴 보자.

"페스트는 무서운 속도로 퍼지고 있었다. 그들은 피난민들을 성문 밖에서 일단 소독시킨 후 검역소에 수용해 감염되지 않은 것이 확인된 사람만을 거리로 들여보냈다. 어느 날 검역소로부터 돌아오던 길에 탈록이 갑자기 프랜시스에게 물었다. 과로 탓인지, 낙천가인 그도 몹시 신경질적이고 우울해 보였다.
"지옥이 이곳보다 더 참혹할까?"
피로로 곧 쓰러질 것만 같아 간신히 걸음을 옮겨놓던 프랜시스는, 그러나 여느 때와 다름없이 조용히 대답했다.

"지옥은 바로 인간이 희망을 잃어버린 상태를 말하는 것일세."
〈〔천국의 열쇠〕, 301~302쪽, 홍신문화사〉

　그렇다. 우리가 희망을 잃어버리게 되는 그 곳이 진정 지옥일 것이다. 그 어떤 희망도 없는 곳은 바로 지옥이다. 지금 우리의 삶은 희망이 존재한다. 늘 존재해 왔다. 하지만 우리가 그것을 발견하지 못 한다면 여전히 지옥이 된다.

　이 책은 우리에게 희망을 찾으라고 말한다. 신은 존재하고 천국은 존재한다. 그렇기 때문에 구원의 삶을 살라고 말한다. 하지만 획일화된 종교적인 삶이 아닌 현실에서 실천하는 참 된 희망을 가진 삶을 살라고 말한다.
　양심에 부끄럽지 않게끔 성실하게 사는 것은 희망이 있는 삶이다. 양심을 가지고 이웃을 사랑하고, 이웃의 것을 탐내지 말고, 속이지 말고, 해치지 말고, 자신의 몸처럼 사랑하며 살라고 말한다.
　인간이 인간을 사랑하는 것이 참 된 구원의 길이라고 말해 주는 것인지도 모른다. 신은 보이지 않기 때문이다. 우리에게 신은 바로 우리의 이웃이기 때문이다.

　아주 보잘 것 없는 어린 아이를 대접하고 보살피는 것이 바로 우주의 주인이신 신을 대접하는 것이라는 깊은 메시지를 필자는 이 책을 통해 발견했다.
　신을 사랑한다고 말로 외치면서, 막상 길거리의 노인과 고아들을 외면하고 보살피지 않는 것은 천국의 열쇠를 가질 자격이 없는 것이 아닐까? 이 책은 바로 이러한 사실을 말하고자 하는 것이다.

이 책에 나오는 문장을 이용해서 표현하면, '우리는 아주 중요한 것을 잊어버리는 수가 왕왕 있다'는 것이다. 그리고 그것은 가톨릭 신부였고 추기경까지 된 안셀름 밀리보다는 무신론자였지만 윌리 탈록이 더 천국의 열쇠를 가질 수 있는 사람인지도 모른다는 사실이다.

이 책은 한 마디로 이 성경 구절을 한 권의 책으로 만든 책이라는 강한 생각을 하게 해 준다.

"나더러 주여 주여 하는 자마다 천국에 들어갈 것이 아니요. 다만 하늘에 계신 네 아버지의 뜻대로 행하는 자라야 들어가리라." 〈마태복음 7장 21절〉

풍요로워지고 있는 한국 사회와 넘치는 축복으로 풍성한 식탁에 길들여진 한국의 종교인들에게 청빈한 성직자의 삶의 모습에 대해 다시 한 번 생각해 볼 수 있게 해 주는 책이 아닐 수 없다.

청빈하고 맑은 영혼을 가진 성직자인 치점 신부의 삶의 모습은 이 시대의 모든 성직자들이 자신의 풍요로운 삶의 모습을 되돌아보고 성찰하고 반성해야 할 계기로 삼기에 충분할 것 같다.

"두 수녀는 제게 말은 안했지만, 그분이 자신의 건강에 너무도 무관심한 것이 걱정되어 가끔 사제관 부엌을 살펴보곤 했던 모양이에요. 어느 날 숨이 턱에 닿아 울음이라도 터뜨릴 듯한 표정으로, 신부님의 식사는 매일 말라빠진 검은 빵과 감자, 그리고 된장뿐이라고 제게 말했을 때 전 그만 웃어버릴 뻔했어요. 저는 진작부터 그 사실을 알고 있었습니다.

'글쎄, 요셉이 하는 식사 준비란 감자를 삶아서 바구니에 넣는 것뿐이래요. 신부님은 시장하시면 식어빠진 감자를 된장에 찍어 잡수실 뿐이고, 그나마 감자 한 바구니가 다 없어지기도 전에 곰팡이가 날 때가 많다는 군요.'" 〈A.J. 크로닌, 〔천국의 열쇠〕, 317쪽, 홍신문화사 〉

넘치는 축복을 받고 있는 한국 사회와 성직자들이 한 번쯤은 이 책을 통해 더욱 더 자신을 성찰하고 반성하는 계기를 삼는 것은 또 다른 종류의 축복일지도 모른다. 물론 평신도들도, 그리고 무신론자들도 이 책을 꼭 읽어 보기를 권한다.

그 어떤 사람도 용서할 수 있는 그런 사람이 가장 큰 사랑을 실천하는 사람이고, 그런 사람은 지금 이 순간 천국의 기쁨과 평화를 누리고 있는 사람임에 틀림없을 것이다. 이 책의 저자가 말하고자 했던 천국은 바로 우리 마음속에 존재하는, 사랑과 용서로 미리 경험할 수 있는 그런 천국인지도 모른다.

구본형은 대한민국에서 최고의 직장이라 불리는 IBM 이란 회사를 20년 동안 다니다가 갑자기 그 좋은 직장을 내팽개치고, 스스로의 힘만으로 살고자, 홀로서기를 시작한 인물이다. 그것도 매우 성공적으로 말이다. 특히 그는 인문학을 경영에 접목시켜 '사람 중심 경영'이라는 신선한 비전을 제시해 한국 사회를 놀라게 했다.

1년에 책 두서 너 권을 출간하고 그 인세로 살아가는 '스스로를 고용한 사람'인 것이다. 그는 '하고 싶은 일을 하면서 살아도 충분히 먹고 살 수 있다'는 사실을 스스로 입증해 보여준 용기있는 사람이며, 고양이처럼 누군가의 도움으로 사는 삶에서 뛰쳐나와 스스로 모든 것을 감당하고 살아내는 사자와 같은 인생을 개척한 사람이다.

〔구본형의 필살기〕라는 책을 보면, 이런 문장이 나온다. 그가 어떤 인물인지 우리는 조금 더 깊게 이해할 수 있을 것 같다.

"1997년 여름 이후, 나는 매일 두세 시간은 글을 써 왔다. 한 해에 글만 쓰는 데, 대략 1,000시간 내외를 투입하고 있다. 최근 10년 동안은 열다섯 권의 책을 냈다. … 하루 두 시간, 평범한 사람이고, 가난한 사람이었고, 20년간 직장인이었던 나에게 마흔이 넘어 갑자기 주어진 유산은 바로 하루 두 시간의 새로운 습관이었다. 이것은 돈으로 환산할 수 없는 것이다. 나는 내가 살고 싶은 사자(獅子)의 인생을 발견했고, 매일 그렇게 살고 있다. 이것이 나의 최선의 삶이라는 믿음을 가지고 있다. '하고 싶은 일을 하면서 살아도 충분히 먹고살 수 있다.'" 〈구본형, 〔구본형의 필살기〕〉

그의 말은 하나하나가 필자의 가슴을 찌른다. 그리고 필자의 마음을 사로잡는다.

그는 말한다. 이 책 〔익숙한 것과의 결별〕을 통해 가장 먼저 이 세상 모든 것은 계속 변한다고 말이다. 그래서 우리가 몸담고 있고, 모든 것을 바치던 그 회사와 직장도 어제와 다른 오늘이고, 또 내일은 오늘과 다르다는 것을 강조한다.

싫든 좋든 모든 것은 변한다. 그렇기 때문에 가치를 만들고 기회를 만들어가는 사람이 이 사회에 필요하다고 그는 피력한다.

"가치를 만드는 사람만이 언제나 필요한 사람이다. 그러나 가
치의 개념은 언제나 변한다. 변하지 않는 것은 "싫든 좋든 세상
은 변하고 있다."는 사실뿐이다. 변화를 생활의 기본적 원리로
받아들이는 것은 그러므로 매우 중요한 깨달음이다. 아울러 그
변화의 방향을 알고, 자신의 욕망과 그것을 연결시킬 수 있다는
것은 바로 기회를 만들어가는 것이다." 〈20쪽〉

우리에게 왜 변화가 필요하고 그것은 선택이 아니라 필수라는
것을 그는 강조한다. 이 세상 모든 것은 변하기 때문이다. 우리를
안주하게 하는 것들은 적지 않다. 오히려 우리로 하여금 하루하루
변화를 위해 도전하고 시도하게 만드는 것은 너무나 적다. 눈을 크
게 부릅뜨고 간절한 심정으로 찾으려고 해도 좀처럼 찾을 수 없다.

인간은 이성적 존재이지만 합리적인 존재는 아니라고 그는 말한
다. 우리가 가지고 있는, 오랫동안 직장 생활을 통해 가지게 된 기
득권은 정말로 포기하기 힘든 하나의 큰 유혹이며, 이러한 유혹은
우리로 하여금 그 어떤 작은 변화도 할 수 없게 만드는 가장 큰 내
면의 적인 것이다.

우리는 어제와 별반 다를 바 없는 오늘을 살고, 오늘과 별반 다
를 바 없는 내일을 산다. 그렇게 10년을 살고, 또 그렇게 그 다음

10년을 산다. 그렇게 살다가 평생을 그런 모습으로 살게 되는 것이다.

우리에게 필요한 것은 익숙해진 모든 것들과의 결별이다. 이 책의 저자인 구본형 선생은 우리에게 요구한다. 익숙해진 것들과 오늘부터 결별을 선언하라고 말이다.

비록 결별하지 않을 이유가 수십 수백 가지가 있다고 해도 말이다. 변화에 도전하고 스스로를 개혁한다는 것이 얼마나 힘들고 어려운 것인가에 대해서 이 책의 저자는 우리들보다 더 잘 알고 있는 것 같다.

"그들은 잘 알고 있었다. 혁명은 성공하기 어렵다는 사실을 말이다. 껍데기는 많이 변한 것 같지만 실상은 별로 변한 것이 없다는 것이 바로 실패한 혁명의 참 모습이다. 인생은 단순한 것이 아니며, 변화하지 않아도 되는 수십 수백 가지의 이유를 가지고 있기 때문이다.

현재는 항상 만족스러운 것은 아니다. 수많은 모순에 싸여 있고, 불행한 수많은 사람들의 등을 쳐서 먹고사는 소수의 부유한 악질들이 여봐란 듯이 살아간다. 그러나 그럼에도 불구하고 어제와 똑같이 그럭저럭 살아갈 수밖에 없는, 정말이지 그럴 수밖에 없는 이유가 있는 것이다." 〈65쪽〉

어제와 별반 다를 바 없이 그럭저럭 하루하루를 살아내는 것은 정말 힘든 일이다. 인생이 전부 힘든 것은 매 한 가지인 듯하다. 하지만 그렇게 힘든 인생을 변화와 도전을 하지 않고, 익숙한 것과 결별을 선언하지 않는 사람에게는 몇 십 배 몇 백 배 더 힘들고 어렵다는 사실을 명심하자.

이 책의 저자가 우리들에게 당부하고자 했던 말은 어제의 인간으로 오늘을 살아가는 많은 우리들에게 제발 이제는 어제의 인간이 아니라, 다른 오늘의 인간으로 오늘을 살고, 내일은 오늘과 다른 내일의 인간으로 내일을 살아가라는 것이다.

"삶에는 어떤 흥분이 있어야 한다. 일상은 그저 지루한 일이나 노력의 연속만이어서는 안 된다. 어제 했던 일을 하며 평생을 살 수 없는 것이 바로 격랑과 같이 사나운 지금이다. 부지런함은 미덕이지만 무엇을 위한 부지런함인지가 더욱 중요하다. 그저 바쁜 사람은 위험에 처한 사람이다. 기계가 대신할 수 있는 영역에 몸을 담고 있는 사람 또한 매우 위험하다. 단순 반복적인 일로 매일을 보내는 사람 역시 위험하다. 그가 진정 성실한 사람이라고 해도 그렇다." 〈59쪽〉

참 멋진 말이다. 삶에는 어떤 흥분이 있어야 한다. 흥분이 없는 삶은 무미건조하고 재미없다. 재미없는 삶은 아무리 많은 부와 명예가 흘러 넘쳐도 필자는 마다하겠다. 아침마다 흥분이 되고, 가슴

설레고, 눈부신 그런 삶을 하루하루 살아가는 사람은 정말로 행복한 사람일 것이다.

우리가 익숙한 것과의 결별을 시도해야 하는 이유가 바로 여기에 있다. 그저 지루한 일이나 노력의 연속만으로 일상이 이루어져서는 안 된다. 일상에 어떤 흥분을 일으켜 줄 수 있는 새로운 일을 해야 한다. 그렇게 하기 위해서 이 책의 저자는 마음에 드는 길을 따르고 꿈을 가지라고 조언해 준다.

"보통 사람은 일상에 매여 평생을 산다. 일상은 우리에게 주어진 물리적 시간이며, 기억이며, 동시에 상상력의 테두리이다. 그것은 그저 '현실'을 의미하지 않는다. 꿈이 없는 현실은 껍데기일 뿐이다. 나는 일상을 규정하는 테두리를 넓힘으로써 내 일상의 폭과 깊이를 바꾸어갈 수 있기를 열망한다. 열망은 마음속 깊은 곳에 욕망을 가지고 있기 때문에 생겨난다." 〈서문 중에서〉

이 책의 저자는 우리에게 욕망을 가지라고 조언해 준다. 욕망이 없는 삶은 이미 속세가 아니라는 것이다. 욕망만큼 강력한 모티베이션도 없다는 것이다. 그렇기 때문에 욕망을 가지고 그것을 통해 강력한 삶의 동인을 찾으라고 말한다.

욕망을 잃은 삶은 재미가 없는 삶이며, 죽은 삶이다. 삶이 어려운 것은 가난하기 때문이 아니라 욕망이 없기 때문이라고 말한다.

욕망을 가지고, 익숙한 것과 결별을 시도하는 자는 새로운 자신을 만날 수 있다. 즉, 우리는 우리를 혁명할 수 있다. 우리는 우리의 삶을 다르게 살아낼 수 있다. 그렇게 하기 위해 이 책은 축복이며 지침서이다.

이 책의 저자는 이 책을 쓰면서, 그리고 이 책을 통해서, 인생을 다시 시작 할 수 있게 되었다고 솔직하게 고백한다. 이 책을 쓰면서 그는 자기 자신이 책을 쓸 수 있다는 소중한 사실을 깨닫게 되었고, 몰입할 수 있다는 것을 알게 되었고, 스스로에게 선물을 줄 수 있는 사람이라는 사실도 알게 되었다고 말한다.

그의 고백이 필자의 내면속의 고백과 같고 이 땅에서 책을 쓰는 많은 작가들의 고백과 거의 비슷한 이유는 무엇일까? 책을 쓴다는 것은 정말 축복이며 기쁨이며 즐거움이며 선물이기 때문이 아닐까!

이 책의 저자는 이 책을 통해 책을 쓸 수 있는 자신을 발견하게 되면서, 가난에서 벗어날 수 있게 되었다고 말한다.

"나는 이 책으로 인생을 다시 시작할 수 있었다. 책을 쓸 수 있다는 것을 알게 되었고, 몰입할 수 있다는 것을 알게 되었고, 스스로에게 선물을 줄 수 있는 사람이라는 것도 알게 되었다. 무엇보다도 내가 가지고 있는 내면의 자산을 끌어다 쓸 수 있는 사람이라는 것을 알게 되었다. 그것은 행운이었다. 왜냐하면 그 사실을 알게 된 다음부터 가난에서 벗어날 수 있었기 때문이었다. 가난이 지독히 나쁜 이유는 하기 싫은 일을 어쩔 수 없이 하게 만들기 때문이다. 내 안에 얼마든지 쓸 수 있는 엄청난 유산이 매장되어 있다는 것을 깨닫는 순간 나는 가난이라는 어쩔 수 없는 상황에서 벗어날 수 있었다."〈서문에서〉

이 책의 저자를 통해 우리가 배워야 할 것은 책의 내용을 가장 먼저 적용하고 삶을 바꾼 인물이 바로 자기 자신이라는 점일 것이다. 이 세상에는 그저 탁상공론에 머물고 마는 책의 저자들이 적지 않다. 하지만 이 책의 저자인 변화경영전문가는 자신의 삶의 변화를 그대로 책으로 담은 것이기에 더 울림이 강하다고 말하고 싶다.

다른 누군가가 되려고 하면 실패할 수밖에 없다. 자기 자신이 되어야 한다. 많은 서민들은 일상에 매여 다른 누군가의 삶을 위해 살아가는 듯하다. 그래서 삶은 매우 진지해야 하고, 생활은 여전한 것인지도 모른다.

무엇보다 알량한 기득권을 붙잡고 그것을 평생의 자부심으로 삼고 살아가는 사람에게는 미래가 더 암울해 질 것이라는 것이다. 변화에 대응하는 유일한 방법은 개혁이며 혁명이다.

그러한 변화와 개혁을 이루기 위해 자기 자신을 위해 시간을 쓸 수 있는 사람이 되어야 한다. 자기를 위해 시간을 쓸 수 없는 사람은 노예와 다를 바 없는 자유롭지 못 한 사람에 불과하기 때문이다.

그래서 이 책의 저자는 우리들에게 당부한다. 하루에 두 시간은 자신만을 위해 사용하라고 말이다. 필자는 하루에 오전 세 시간은 꼭 나 자신을 위해 사용한다. 그 시간을 오롯이 도서관에서 보낸다. 읽고 싶은 책을 읽고, 쓰고 싶은 책을 쓰면서 몰입을 경험한다.

나 자신을 위한 가장 고귀한 투자인 것이다. 책을 쓰기 위해, 돈을 벌기 위해 투자하는 시간이 아니다. 물론 나의 기쁨과 즐거움, 몰입을 위해서 투자하는 시간이지만, 결과적으로 돈과 성과라는 보상을 받기도 한다. 하지만 그러한 것들은 부산물에 불과하다.

지금 이 책을 읽고 있는 독자들에게 말해주고 싶은 것이 있다. 마음을 열고 욕망이 흐르게 해 보라는 것이다. 이 책의 저자도 이것을 강조했다. 자신이 가장 하고 싶은 것, 해 보고 싶은 것은 무엇인가? 일상에 매여, 직장에 매여, 의무감에 매여서 하지 못 하고 있는 바로 그것을 과감하게 해 보라는 것이다.

이 책의 저자는 한국형 자기계발서의 창시자 중 한 명이라고 할 수 있다. 그는 평범한 회사원으로 살다가 베스트셀러 작가가 되었다. 그리고 그 과정을 통해 개인과 조직의 혁명적 변화를 통해 위기를 극복해 나가야 한다는 사실을 한국 사회에 알렸던 것이다.

그는 우리에게 1인 기업가로 다시 시작하라고 역설한다. 그가 말하는 1인 기업은 자기 자신을 한 사람으로 이루어져 있는 1인 기업으로 규정하는 데서 시작된다. 이를 통해 회사와 고용관계가 아닌 상호 협력하는 파트너가 되라고 말한다. 그래서 직장 안에서 직원으로 일하면서 살고 있지만, 자신을 스스로 고용하고, 그럼으로써 자신을 해방시켜 줄 새로운 인식을 할 수 있게 해 준다.

이 부분에서 많은 직장인들은 열광을 했을 것이라고 생각이 든다. 정말 멋진 책이 아닐 수 없다.

이 책의 핵심 메시지는 자기를 스스로 고용하라는 것이다. 그렇게 하기 위해서는 과거에 얽매이지 말고 현실에 충실해야 한다. 잘 할 수 있는 일, 정말 하고 싶은 일, 욕망이 흐르는 그것에 집중하여 매일 2시간만이라도 미쳐보라고 이 책은 강조하고 또 강조한다.

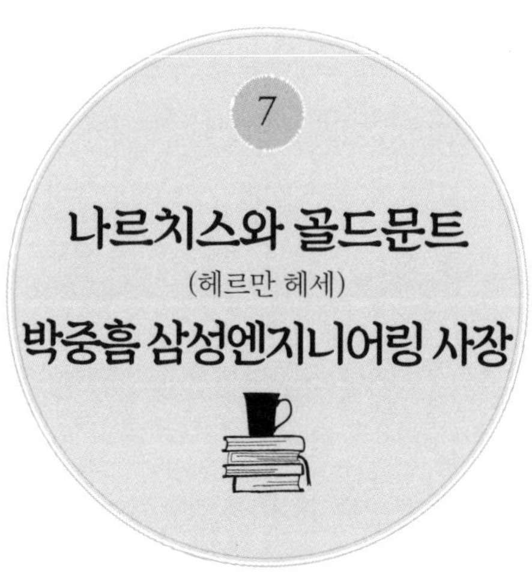

열다섯 살에 자살을 시도한 작가다. 그리고 정신병원에 입원하기도 한 방황의 시기를 보내기도 한다. 하지만 1946년에 노벨 문학상을 수상하기도 한 헤르만 헤세는 이 책을 자신의 성장기 체험이 고스란히 담긴 '내 영혼의 자서전'이라고 말하기도 했다.

그렇다. 이 책은 그의 많은 작품 중에서도 가장 아름다운 책이라고 불리는 책이다.

'두 개의 작은 기둥으로 떠받쳐진 아치형 정문이 보이고, 그 앞에는 길가에 바짝 붙어 밤나무가 한 그루 서 있는 수도원의 입구' 이야기로 이 소설은 시작된다. 이 수도원은 마귀를 몰아내고, 악령을 다스리는 것으로 정평이 나서 방문객이 줄을 서는 곳이기도 하다.

수도원 이야기로 이 소설이 시작되는 데는 그만한 이유가 있다. 바로 이 소설의 주인공인 나르치스가 타고난 수도사이기 때문이다. 그가 수도원장과 나누는 이야기를 보면, 그가 얼마나 타고난 수도사인지 잘 알 수 있다.

"신부님, 저는 무엇보다도 수도원에서 일생을 보낼 운명이라고 믿고 있습니다. 수도사나 신부, 어쩌면 수석 사제나 수도원장이 될지도 모르겠습니다." 〈16쪽〉

이런 나르치스 앞에 어느 날 감성적인 학생 골드문트가 나타난다.

"'저는 골드문트라고 해요.' 소년이 말했다. '신입생이에요.'" 〈24쪽〉

수도원 안에서 골드문트와 나르치스 사이에 서서히 우정이 싹트기 시작하고, 그 우정은 조금 야릇한 것이 되어갔다. 사색을 좋아하고 이성적이고 합리적인 나르치스와 달리, 자유롭고 방황을 좋아하고 감성적인 예술가같은 전혀 다른 기질을 가지고 있는 골드문트는 그런 기질과 성격의 차이를 뛰어넘어 좋은 친구가 되어, 친구의 마지막 임종 순간에도 함께 하는 그런 돈독한 사이로 발전한다.

자유롭고 방황하는 감성의 소유자 골드문트에게는 이 우정과 친구 나르치스가 일종의 구원자이자 치유자가 된다.

"골드문트에겐 이 우정이 무엇보다 일종의 구원이자 치유였
다."〈48쪽〉

두 사람의 우정은 깊은 관계로 발전하고, 나르치스는 수도원장
이 되는 길을 하나씩 걸어갔다. 반면에 골드문트는 조금씩 방황하
기 시작했고, 다양한 인생 경험을 하게 된다.

자유로운 감수성의 소유자 골드문트는 더 이상 수도원과 맞지
않았다. 수도원을 떠나게 되고, 다양한 경험을 하게 된다. 그가 경
험한 것들의 본질은 도덕적인 속박에서 벗어나는 것이다.
수도사로서는 꿈도 꿀 수 없는 여성들과의 관계가 그 중의 하나
다. 그런 경험을 통해 골드문트는 다양한 갈등을 겪게 된다.

"인생에 조롱당하고 있다는 느낌은 정말이지 수치스러운 것이
었다. 우습기도 하고 슬프기도 했다. 관능의 유희를 즐기며 살
아갈 수도 있었다. 영원한 여성인 이브의 품에 안겨 젖을 빨며
살아갈 수도 있었다. 그렇게 살다보면 온갖 짜릿한 쾌락은 맛볼
수 있어도 덧없이 사라지고 마는 무상감은 막을 길이 없다. 그
렇게 되면 숲속의 버섯처럼 오늘 아름다운 색깔을 뽐내다가도
내일이면 썩어 없어지고 말 것이다." 〈380쪽〉

"그렇다! 모든 사람의 삶은 그 두 가지가 서로 뒤섞일 때에
만, 이 무미건조한 양자택일로 인해 삶이 분열되지 않을 때에

만 의미가 있을 것이다! 예술을 창작하면서도 인생을 그 대가
로 지불하지 않아야 한다! 인생을 즐기면서도 숭고한 창조 정
신을 단념하지 않아야 한다! 그게 대체 불가능한 것일까?"
〈380~381쪽〉

"살아있는 모든 것은 그러한 이원성과 대립에 바탕을 두고 있
는 것처럼 보였다. 그러니까 여자 아니면 남자로 태어나고, 방
랑자가 아니면 보통 사람이 되어야 하고, 이성적이지 않으면 감
정적으로 되는 것이다."　　〈381쪽〉

골드문트가 경험한 삶 중에서 가장 잊지 못 할 경험은 백작의 애
첩과의 관계 속에 들통이 나서 백작의 노여움을 사게 되어, 결국
사형에 처해지게 되었다는 것이다.

"이제는 빠져나갈 수 없는 사태에 순응해야만 하는 것이다. 피
할 수 없는 죽음을 받아들여야만 하는 것이다. 비통한 심경으로
그렇게 몸을 구부리고 앉아 있는 얼마동안이 억겁의 시간처럼
길게만 느껴졌다. 그는 닥쳐올 일을 숨을 들이마시듯이 받아들
이고 직시하여 온전히 순응하려고 애썼다. 날이 완전히 어두워
지고 밤이 시작되었다."　〈389쪽〉

내일이면 교수형에 처해져야 하는 골드문트에게는 이날 밤이 최
악의 고통의 시간이었을 것이다. 그 다음 날 골드문트에게 한 줄기

희망의 빛이 비친다. 바로 수도원장이 되어 나타난 오랜 친구 나르치스의 등장이었던 것이다.

결국 나르치스의 도움으로 사면을 받게 된 골드문트는 옛날처럼 진지한 토론을 하게 된다. 또한 나르치스가 구해준 작업실에서 모든 것을 대변해 주는 듯한, 그의 삶이 응축된 듯한 마리아 상을 만들게 되고, 그 작업을 하면서 골드문트는 나르치스의 주위에 거주하게 된다.

"이 마리아 상은 아주 잘 만들어졌어. 그렇지만 들어보게, 나르치스. 이 작품을 제대로 만들기 위해서는 나의 모든 청춘을 바쳐야만 했네. 청춘의 방황과 사랑, 뭇 여성에 대한 구애가 필요했지. 그 청춘의 추억이야말로 나의 창작의 원천일세. 이제 곧 그 샘물도 말라버릴걸세. 가슴도 메말라가고. 이 작품이 완성되면 한 동안은 휴가를 떠날 생각이네. 얼마나 걸릴지는 모르겠지만 나의 청춘과 한때 나에게 너무나 소중했던 모든 것을 다시 한 번 찾아가 볼 생각이네. 나를 이해해 주겠지?" 〈452쪽〉

이렇게 골드문트는 마리아 상을 완성하고 나서 여행길에 올랐다. 골드문트가 없는 기간이 길어질수록 나르치스는 골드문트가 자기한테 얼마나 소중한 존재였는지 알게 된다. 친구의 빈자리에 대한 상실감에 나르치스는 괴로운 나날을 보내야 했다.

골드문트는 이슬비가 내리는 여름이 다 지난 어느 날 오후에 돌아왔다. 하지만 병치레를 하고 있는 듯한 그의 잿빛 얼굴에는 윤기가 거의 사라져 부석부석하고, 몸은 무척 수척해졌다.

여행 초입에 말을 타고 숲을 지나가다가 말과 함께 넘어져 개울에 처박혀 밤새도록 찬물에 그대로 있었던 것이 화근이 되어 아프기 시작한 골드문트는 여행에서 돌아온 후 얼마 되지 않아 죽음을 맞이하게 되고, 나르치스는 슬픔과 우정으로 임종의 순간을 함께 보내면서 이 소설의 마지막 페이지는 끝이 난다.

이 책은 한 마디로 골드문트의 방황 이야기다. 여기에 주인공 나르치스는 조언자 혹은 구원자로 등장한다. 골드문트의 등장과 죽음이 이 소설의 시작이며 마지막이었던 것이다.
하지만 이 소설을 통해 아름다운 우정이 충분히 구원의 이유가 될 수 있음을 알게 된다. 방황을 하면서 성장하고, 갈등하면서 성숙되어 가는 존재라는 것을 이 책은 다시 한 번 알게 해 준다.

어느 정도 인생무상을 말하기도 하는 이 소설은 헤르만 헤세의 성장기 체험의 축소판이자, 자신의 이야기였던 것 같다.

위대한 작가 헤르만 헤세는 이 책을 통해 던지고자 했던 말은 무엇일까? 아마도 이런 말이 아니었을까?

그저 '세상에 등을 돌리고 손을 씻은 채 정결한 삶을 살면서 조화가 넘치는 아름다운 사상의 정원을 꾸며놓고 잘 가꾸어진 화단 사이로 죄를 모르고 거니는 삶' 보다 오히려 '세상의 끔찍스런 흐름과 혼돈에 자신을 내맡긴 채 그러다가 죄를 짓기도 하고 죄의 쓰라린 결과를 감수하기도 하며 살아가는 삶'이 더 당당하고 위대한 것인지도 모른다.

작가는 주인공들을 통해 인간 존재와 삶의 불완전함, 그 어떤 사람도 완전하게 만족하는 삶을 살 수는 없다는 것을 보여주고자 했는지도 모른다. 끊임없이 낯선 세계에 부딪히는 골드문트는 초라한 자들이 아닌 위대한 삶을 살고자 도전하고 몸부림치는 인간의 모습인지도 모른다.

나르치스는 이러한 사실을 깨달았던 것이다.

"나르치스는 친구의 혼란된 삶을 깊이 들여다보았다. 그렇다고 해서 그에 대한 사랑이나 존경심이 결코 줄어들지는 않았다. 그렇기는커녕 나르치스는 골드문트의 더럽혀진 손에서 이 놀랍도록 평온하고도 생기 넘치는 형상이, 보이지 않는 형식과 질서에 의해 변용된 이 형상이 만들어지는 것을 지켜보았다. 또 영혼의 빛이 넘치는 이 내밀한 표정들과 순진무구한 식물과 꽃들, 기도하는 손이나 축복받은 손들, 이 모든 대담하고도 섬세한 몸짓과 당당하고도 성스러운 몸짓들을 지켜보았다. 그때부터 나

르치스는 이 불안한 예술가 혹은 유혹자의 가슴속에는 충만된
빛과 신의 은총이 깃들여 있다는 것을 알게 되었다." 〈458쪽〉

나르치스는 수도원의 규율과 궤변과 지식으로 똘똘 뭉쳐진 자신
의 삶이 초라한 삶이었다는 것을, 골드문트의 삶이 참되고 고양된
삶이었다는 것에 대한 생각을 하게 된다. 이 두 사람의 삶은 결국
지성의 삶이냐 아니면 감성의 삶이냐 로 나눌 수 있을 것이다.

인생에 정답은 없다는 것을 이 책은 보여준다. 그리고 우리들에
게 더 큰 질문을 던진다.

당신이라면 어떤 삶을 추구하며 어떻게 살 것이냐고 말이다. 우
리는 이 질문에 스스로 자기 자신만의 답변을 가지고 있어야 할 뿐
만 아니라, 그 답변을 우리의 삶을 통해 당당하게 보여주어야 할
것이다.

분명한 한 가지 사실은 우리는 골드문트도, 나르치스도 되어서
는 안 된다는 것이다. 우리는 우리 자신이 되어야 하고, 우리 자신
의 삶을 살아내야 한다는 것이다. 행운을 빈다.

책 읽는 습관은 천금보다 귀하다

"내가 소유하고 있는 것은 단순한 책이 아니라, 재산이며 건물이며, 토지와 같다."

_로자 룩셈부르크

내게 책은 밥이다.

매일 먹어도 내일이 되면 또 먹고 싶고, 한 끼라도 건너뛰면 당장 온 몸에서 신호를 보내며 밥 달라고 하듯, 책을 하루라도 읽지 않으면, 당장 난리가 날 듯 나의 온 몸과 정신은 신호를 보낸다.

책 달라고! 책 고프다고!

그렇다. 나는 밥은 굶어도 책은 굶지 않는다.

지금 이 만큼 성공을 했고, 이 만큼 많은 책을 출간하기도 했지만, 나는 성공하기 위해서 책을 읽는 것이 아니고, 작가가 되기 위해서, 책을 집필하기 위해서 책을 읽는 것도 아니다.

오직 내가 책을 읽는 이유는 더 나은 존재로 내 자신을 끊임없이 성장시키고 싶어서다. 물론 독서의 즐거움과 희열, 독서의 쾌락과 감동, 독서의 기쁨과 짜릿함, 독서의 위로와 평안을 필자만큼 송두리째 경험한 사람도 또 없을 것이다.

지난 3년 동안 세상을 등지고 독서에 미쳤고, 거의 반미치광이처럼 책에 미쳐 책만 본 적이 있었다. 이 때 나는 세상에서 가장 행복한 사람이었고, 가장 팔자 좋은 사람이었다. 그 때의 기쁨과 행복, 평안과 즐거움, 쾌락과 감동을 어찌 말로 다 할 수 있을까?

인생에는 정답이 없다. 하지만 경계해야 할 지침은 있다. 절대로 타인을 흉내내지 말라는 것이다.

70억 인구의 DNA가 다르듯, 인생길도 달라야 한다. 한 명 한 명의 존재가 존귀하고 다르기 때문이다. 누군가의 복제품 같은 인생을 산다는 것은 죄악이다.

자기 자신만의 인생길을 최초로, 당당하게 개척해 나가야 한다.

그것이 인생인 것이다. 그렇게 하기 위해 반드시 필요한 것은 독서하는 습관이며, 독서 그 자체다.

독서를 하는 사람은 천금보다 더 귀한 것을 이미 손에 넣은 사람들이다.

필자는 이미 3년 동안 만 권 이상의 책을 읽었다. 더 이상 무엇을 욕심내어서도 안 된다. 하지만 그래도 여전히 책이 고프다. 책은 읽을수록 우리 자신을 반성하게 하고, 성찰하게 하고, 성장하게 해 준다.

부족함이 많은 사람이기에 더욱 더 독서에 매진해야 할 것이다. 할 일이 많은 사람이기에 더욱 더 그렇게 해야 할 것 같다. 한 번 뿐인 인생이기에 더욱 더 그렇게 해야 할 것이다.

필자는 아침마다 석촌호수를 걷고 뛴다. 참 멋진 곳이다. 하지만 오늘 아침에는 이런 생각을 해 봤다.

석촌호수가 이렇게 멋진 곳이 되기 위해서는 수천 그루에서 수만 그루의 나무들이 존재해야 한다. 석촌호수에 많은 서울 시민들이 와서 기쁨을 누리고, 대화를 하고, 운동을 하고, 경치를 감상하고, 데이트를 하고, 야외 활동을 만끽한다. 석촌호수가 이런 모든 것들을 감당할 수 있게 되기 위해서는 한두 그루의 나무가 아니라

수천 그루의 나무들이 넓게 깊게 뿌리를 내리고 왕성하게 호흡을
하고 잎을 내고 살아줘야 한다.

　우리 인생도 석촌호수처럼 멋진 인생이 되기 위해서는 한두 권
의 책이 아니라 수천 권의 책을 읽어서, 우리 마음과 정신에 뿌리
를 내리고, 잎을 내고, 살아 꿈틀거려야 하는 것이다. 가장 중요한
것은 한두 권의 책이 아니라 수천 권 이상의 많은 책들이어야 한다
는 것이다.

　수천 권 이상의 책을 읽기 위해서는 책 읽는 습관을 가져야 한
다. 그것도 올바른 독서 습관을 말이다.

저자 소개

김병완(金炳完)

- 대한민국 넘버원 책쓰기 독서법 학교, 김병완칼리지 대표
- 유튜브 방송: [김병완TV] 운영

저자는 삼성전자에서 10년 이상 연구원으로, 6시그마 전문가, IT 전문가로 활동하며 직장생활을 했다. 그 후 거액의 연봉을 포기하고, 대신 3년 동안 책의 가치를 알고, 도서관에 칩거하다시피하면서 책만 읽게 되었다.

신문, 뉴스, 친구, TV, 술, 담배 거의 모든 것을 끊고, 3년 동안 책만 읽었다. 진짜 책에 미쳤다. 미치자 자신을 뛰어넘게 되어, 총 10,000권을 독파할 수있게 되었고, 1년에 10권 이상의 책을 출간하는 작가로 변신하게 되었다. 지금은 자신처럼 작가가 되고자 하는 사람들의 꿈을 이루어주는 '저자되기 프로젝트' 책쓰기 수업을 통해 평범한 사람들을 작가로 바꾸어 주고 있다. 이미 200명 이상이 작가의 꿈을 이루었다. 이 책쓰기 수업을 통해 베스트셀러 작가, 1인 기업가, 강사가 된 사람들도 적지 않다. 이미 5,000명이 수강한 유일무이한 독서법 수업이기도 한 퀀텀독서법 수업 '독서 혁명 프로젝트'는 3주 만에 평범한 사람들을 독서 천재로 도약시켜 주는 세계 최고의 독서 스킬 향상 프로그램이다.

"3년 동안 60권의 책을 출간"한 저자의 책 중에는 베스트셀러도 적지 않다. 2013년 문화체육관광부 '우수 교양 도서'에 선정된 책도 있다. 더 놀라운 사실은 해외에 번역 출간 된 책도 많고, 그 수많은 책들이 진부 어린이나 청소년을 대상으로 한 책도 아니면, 비슷한 주제의 책도 아니라는 사실이다. 정치인, 경영인, 기업가에 대한 인물 비평부터, 경영학 서적, 과학 서적, 인문학 서적, 독서법 서적, 글쓰기 서적, 기업 경영, 자기 계발, 동기 부여 등으로 다양하게 나누어지고 있다는 것이 그의 방대한 독서내공을 방증해 주는 것이다.

지금은 대한민국 넘버원 책쓰기, 독서법 학교인 김병완칼리지를 운영하면서, 책쓰기 수업과 독서법 수업을 하고 있을 뿐만 아니라 유튜브 방송 [대한민국독서법1인자TV]를 통해 책과 독서법, 책쓰기에 대한 모든 궁금증과 고민을 해결해 주고 있다.

유튜브 방송: 김병완TV
네이버 카페 공식 채널: 김병완칼리지 http://cafe.naver.com/collegeofkim

삶을 바꾸는 기적의

독讀한 습관

1판 1쇄 발행 ㅣ 2019년 9월 25일

지은이 ㅣ 김병완

펴낸곳 ㅣ 북씽크

펴낸이 ㅣ 강나루

주　　소 ㅣ 서울시 서초구 명달로24길 46, 3층 302호

전　　화 ㅣ 070 7808 5465

등록번호 ㅣ 제 206-86-53244

ISBN　979-11-90034-46-3　13100

copyright ⓒ 김병완

잘못 만들어진 책은 구입처에서 교환해 드립니다.